JN060467

特攻する噺家（はなしか）

落語家
瀧川鯉斗

枕

えー、星の数ほどある書籍の中から本書を手に取っていただきまして、誠にありがとうございます。

瀧川鯉斗と申します。令和初の真打に昇進させていただきました。この世界ではまだまだひよっ子の若造なんでございますが、僭越ながら自叙伝的な噺を一席、お付き合いいただきたいと存じます。

すでに御存知の方もいらっしゃると思いますが、私は元暴走族の総長という一風変わった経歴を持つ噺家でございます。出版社様が面白がってくださって、今回の運びとなりました。

もちろん暴走族による暴走行為というのは、地域の皆様に多大な迷惑をかける悪しき行為であります。当時の名古屋界隈の皆様には本当に申し訳がございません。大いに反省しております。

そんなどうしようもない悪ガキが、なぜ落語の世界に飛び込んだのか？　なぜ10年以上に及ぶ修業を耐えて真打にあがることができたのか？　そんなことをよく聞かれます。余さず、赤裸々にお話させていただきます。

それでは一席、お付き合いください。

噺

根多帳（目次）

噺

雪とケッタマシーン

東京は調布の生まれ。物心つかないうちに北海道へ引っ越し、白銀の世界でたっぷり遊び、7つの歳にまたもや引っ越し。転勤族の宿命でございます。

移り住んだ名古屋でやんちゃ三昧。サッカー選手を夢見る悪ガキの小噺でございます。

雪の記憶

カメラメーカーで内視鏡関係の営業職に就いていた父は、東京・調布の社宅に居を構え、一家を養っていた。

父、母、5歳上の姉、4歳上の兄、僕。のちに4歳下の弟が生まれて6人家族になるのだが、この社宅は2Kで5人家族にはかなり手狭だった、と思う。思うというのも、当時の記憶がほとんどないからだ。転勤族だった父に率いられ、僕が幼稚園に入る直前に一家は引っ越した。

北海道札幌市澄川。調布の4階建てのアパートから移った先は、12階建てのマンション。最寄り駅は札幌市営南北線の『さっぽろ駅』から15分ほどの『自衛隊前』。マンションの裏に川が流れていて、その向こう岸が陸上自衛隊真駒内駐屯地だった。

毎年2月上旬に開催される『さっぽろ雪まつり』は、大通会場（大通公園）、すすきの会場（札幌駅前通の南4〜7条）をはじめ、様々な地区が舞台になる。真駒内駐屯地は、2001年のアメリカ同時多発テロを機に安全管理上の問題を考慮して20

05年に終了するまで会場のひとつだった。

白銀の中にミニSLの乗車施設、映画館、飲食店が立ち並ぶ光景は、幼い僕に叫び出すような興奮を与えた。毎日、会場の目玉である大雪像のすべり台でさんざん遊び、急いで小学校へ登校したものだ。

当時の思い出のほとんどが白銀の中にあるといっていい。北海道の小学校では、運動場に雪山を築いてスキーの授業があったりする。わんぱく小僧だった僕は、ランドセルを雪車（そり）にしていた。ひっくり返して足を突っ込み、山頂から勢いよく滑り降りるのだ。

マンション裏の川でも悪い遊びをした。まずは凍った水面に、子供が一人落ちてしまうほどの大きさの穴をひとつ開ける。そして10メートルほど離れたところにも、もうひとつ穴を開ける。

「よっしゃ！　行くぜ！」

気合を入れて、ひとつの穴に飛び込む。水中を10メートル泳いで、もうひとつの穴から顔を出すのだ。唇は紫色になり、鼻水は凍り、全身が壊れたおもちゃのように震

える。真冬の北海道。命を懸けた度胸試しだったが、今思い返せば自殺行為だった。マンションの住民に、

「あんた！　なにやってんの！　死ぬよ！」

と、しょっちゅう怒られていた。

悪ガキは怒られても怒られても懲りなかった。僕のことを好きだと言ってくれた同級生の女の子に塩を撒いたり、校庭沿いのドブ川でネズミを捕まえようとして顔に飛びつかれて引っかかれた。

悪ガキの素質

小学生の悪ガキというのは、えてして運動神経がいい。逆に言えば、運動神経がよくないと悪ガキにはなれない。僕も例外ではなかった。

二年生の頃の運動会。北海道は何もかもスケールがでかいが、校庭も大きかった。トラック一周で何百メートルあったんだろうか。僕は号砲と同時に全速力で走った。

いきなり猛ダッシュして大きく後続を引き離す僕に、声援ではなく笑い声が届いた。

「あんなペースじゃ、すぐに息が切れちまうぞ！」

ところが半周回っても、僕のスピードは落ちなかった。笑い声がどよめきに変わり、やがて声援に変わった。口から心臓が飛び出るなんて表現があるが、僕は卒倒しそうになりながら鬼の形相で駆け抜け、そのままゴールテープを切った。

自転車に乗ることができるようになったのも早かった。最初のうちは当然のことながら補助輪付きに乗っていたのだが、幼心にかっこ悪いと思っていた。補助輪なしに乗りたい！　その一心で周囲を見渡すと、ああ、あんなところにある。

近所に住む双子の女の子の自転車を勝手に乗り回した。

「返してよー、わたしの自転車ー！」

女の子が泣いているのもおかまいなしに、漕いでは転がり、また漕ぎだす。すぐに乗ることができるようになったんだし、ましてや人様のもの。すぐに返さなくてはいけないのに僕はそれに乗り続けた。補助輪付きの自転車に戻りたくなかったのだ。

挙句の果てには、当時まだ見かけられた野良犬を自転車で追い回す始末。ふとした拍子に、逆に追い掛けられて必死で逃げ回る。

「返してよー！　わたしの自転車ー！」

どうしようもない悪ガキだった。

ケッタマシーン

転勤族の宿命。小学二年の終わりにまたしても引っ越すことになった。せっかく仲良くなったハシモト君にササキ君、真冬の川で泳ぐ僕を叱ってくれた同じマンションの方々、悪ガキに優しくしてくれた人たちが遠ざかっていくタクシーを見送ってくれた。リアガラスの向こうでいつまでも手を振ってくれている姿を見て涙が溢れた。

新天地は名古屋市天白区だった。傷心も束の間、都会の雰囲気にすっかり魅了された。片側5車線の大きな道路に高層ビル群に度肝を抜かれた。札幌市澄川から電車で15分の札幌駅周辺も都会ではあったが、幼心にも名古屋のほうがより洗練されている印象を受けた。

大きな道路と高層ビル群の次に僕を驚かせたのは言葉だった。始業式早々、聞いたことのないフレーズが飛び交った。

「あれ食べてみい。でらうまいで」

でらってなに？　僕は戸惑った。

すごい、英語で言えばｖｅｒｙ（とても）の意味を持つ名古屋弁だ。正確には愛知県に隣接した岐阜県や三重県の一部でも使われるようだから、東海地方の方言ということになるだろう。ちなみに北海道では「なまらすごい」だ。

他にも語尾につける「〇〇だがや」が新鮮だったし、中でも面白かったのが「ケッタマシーン」だった。東海地方では自転車のことを「ケッタ」もしくはマシーンを付けて呼ぶのだ。

転校初日に殴られる

さらに僕を驚かせたことがある。始業式でのこと。

「おい、おまえか。転校生は」

いきなりそう詰め寄られて面食らっていると、よくわからないいちゃもんをつけられて、なんと殴られてしまった。

「え？　え？」

転校初日にいきなり殴られて、僕は頭が真っ白になった。のちに仲良くなるハヤシ君は、この小学校の三年生の番を張っているやつだった。番というのは番長のこと。一番喧嘩に強いやつが学年ごとにトップに君臨するわけだ。

北海道には番なんてものはもちろん存在せず、のどかなものだった。しかし名古屋は、いや僕が転校した小学校は、かなりヤンチャな子どもが多かったのだ。お父さんが棟梁だったり、お母さんがスナックのママといった子が多く、昭和な雰囲気が漂う環境だった。

帰宅して、早速母に報告した。

「新しい学校どうだった？」

「殴られたんだけど」

「はぁ？」

母親は気が強い女性だった。１６０センチ台後半の母はのちにこの小学校でＰＴＡのバレーボールクラブに入り、監督も務めるようになる。家にチームメイトのママさんたちを集めてお酒をふるまうなど、常に輪の中心でリーダーシップを発揮するような性格だった。

「いきなり殴られた？」

「うん」

「２発やられたら１発殴り返せ」

「……わかった」

翌日、また殴られた。これで昨日のと合わせて２発だ……僕は殴り返した。ハヤシ君は僕を呆然とした表情で見つめていた。この出来事を境に立場が逆転した。転校生が番を張るようになったのだ。

〝サラブレッド〟とJリーグ

四年生、五年生と進級していくにつれ、僕はますますやんちゃになっていった。特に五年生でクラス替えの際に一緒になったカツとの出会いで、悪ガキぶりに拍車がかかった。カツは棟梁の倅で、兄貴とお姉ちゃんがめちゃくちゃなヤンキーという〝サラブレッド〟だった。

教室の扉から窓際まで机をズラッと並べ、そこを滑走路にしてミニ四駆（小型モーター付き自動車プラモデル）を走らせ、校庭へ向かって飛ばした。美人のスズキ先生に怒られたが、反省するどころかスカートの中に潜り込んではしゃぎまわった。耳たぶに安全ピンを刺してピアスの穴を開けたり、池見公園の木の上でタバコを吹かす真似事をしてみたり。カツとの悪乗りはどんどんエスカレートしていった。

悪さをする一方、もうひとつ夢中になったことがあった。１９９３年。小学四年生だった頃にJリーグが開幕したのだ。それまで野球一色だった日本スポーツ界に革命が起き、全国のキッズは一斉にボールを蹴り始めた。僕も例外なくサッカーに魅せられた一人で、学校のクラブ活動もサッカーを選択した。

「俺、ユニホーム違うからキーパーやりてえ！」

持ち前の目立ちたがり屋精神と運動神経で、僕はサッカー部の中心メンバーになっていった。

「俺、将来はJリーガーになるでよぉ！」

中学生になってもサッカーに明け暮れ、高校へサッカー推薦で進み、やがてプロのサッカー選手になる。そう決めた。

6歳ごろの筆者（写真中央）。右側は筆者の父

「それていくサッカーボール」

私、本名を直也と申します。両親が「嘘をつかない、真っ直ぐな人間に育ってほしい」と願いを込めたものでございます。

サッカー選手という夢を抱いた直也少年は、ゴールに向かって、それこそ真っすぐにドリブルしていくつもりでした。

ところが、中学入学早々に蛇行し始め、やみくもに放ったボールはゴールを大きくそれていくのでございます。

走り屋の本能

3年間みっちりサッカーをやって、将来はJリーガーになる。夢のゴールを定めて地元の中学校に進学したのだが、入学早々にボールは大きくそれはじめた。

下駄箱の前で、カツが三年生に胸ぐらをつかまれていた。小学校時代、さんざん悪さをしてきた僕とカツの悪名は、中学校にも轟いていたのだった。

「おめぇこの野郎」

つい最近までランドセルをしていた中学一年生にとって、中学三年生というのは圧倒的に大人だ。大人になってからの2歳違いとはわけが違う。怖かった。とはいえ、親友を見殺しにすることはできない。僕は駆け寄っていった。

「どうしたんすか？」

「ああ？　おめぇもやられてぇのか、コラ！　あんまり調子こいてんじゃねえぞ、この野郎。次、目立ったことやってたら、おめぇらつぶすぞ、コラ！」

一服しねぇとやってらんねぇ。不貞腐れたカツと僕は体育館の裏へ回った。すると程なくして、カツの胸ぐらをつかんでいた三年生がやってきた。慌てて火を消し、会釈した。

「チッ！　ヤニ切らしてたわ」

「……ありますよ」

カツが自分のを一本差し出した。

「おお。わりいな」

肺には入れず、口先だけで３人一緒に吹かした。これを機にその三年生・タツヤ君との距離が縮まった。

「おい、おまえら、ちょっと来いよ」

後日、タツヤ君に呼ばれて学校から少し離れた場所へ行った。そこにはホンダの原付、ライブＤｉｏ ＺＸの艶消しブラックが停まっていた。

「うわ、かっけぇ！」

カツと僕はマシンを嘗め回すように見た。

ブエーン!!!

タツヤ君が得意げに愛車をウイリーさせて走ると、僕は体中の血が沸騰するような興奮を覚えた。

「乗らしてくださいよ！」

のちにわかったことだが、父親がバイク好きだった。長野の田舎でバイクをぶっ飛ばし、よく田んぼに突っ込んでいたらしい。しかも父の父、つまり祖父も輪をかけてバイクが好きだった。今でこそ日本にも浸透しているハーレーダビッドソンだが、それを大昔から乗り回していたのだ。さらには母方の祖父もバイクに夢中だったという。僕の血が騒いだのも無理はない。

バイク通学

　しばらくして、僕は原付で登校するようになった。タツヤ君は学校から離れた場所に停めて歩いていたのだが、カツと僕は歩くのが面倒で正門の近くの茂みに隠していた。より学校に近い場所へ停めている僕らに、タツヤ君が言った。

「おまえら、気合い入ってんな！　今度うち来いよ。麻雀しよーや」

　思えば僕はこの頃、悪ガキを卒業し、完全に不良の道へ入ったのだ。

　そのうち僕は茂みに隠すこともせず、正門のすぐ近くに原付を停めるようになった。目に余る暴挙に先生が、

「おまえ、警察が来たらどうするんだ！」

「先生のバイクって言いますよ」

「ったく、今日のとこは帰れ」

「はーい」

　今なら大問題だろう。たちまちＳＮＳで拡散され、警察と教育委員会が大騒ぎにな

るに違いない。

こんなこともあった。体育の授業で野球をやった際のことだ。

「先生ちょっと打ってくださいよ」

「いや、俺が打ったら、あそこの窓ガラス割っちゃうんだよ」

先生の打球は、向かいのガラス張りの校舎へと吸い込まれていき、やがてガシャーンという音が響き渡った。

「ほらみろ！　だから言ったろ！」

僕たちは腹を抱えて笑った。１９９６年当時はまだ牧歌的な空気があり、僕はそんな時代と、大目にみてくれる先生たちに甘えていた。

シュートの行方

原付で不良の道を真っすぐに走ってしまっていた僕は、それでも夢を忘れてはいなかった。

サッカー部に入部し、ロン毛を振り乱して必死にボールを追いかけた。耳にかかる長さが校則違反だったからロン毛なんて言語道断。しかし、そもそも原付で登校している生徒を先生たちは注意しなかった。

二年生の頃には、ゴールキーパーとして愛知県代表に選出された。名古屋グランパス・ユースのスターティングメンバーたちと試合に出て、僕は自信を深めた。

（これはもうサッカー推薦、決まったな）

そう決めてかかって勉強はもちろんせず、原付で通学してはタツヤ君やカツ君たちと悪さに明け暮れた。

やがて地元の暴走族「スペクター」の天白支部に顔を出すようになった。原付の中学生にとって、大きくて速いバイクを駆る先輩たちの勇姿は、ヘッドライトを直射されるように眩しかった。

もう推薦入学は決まっているようなものだし、もっともっとバイクに乗りたい、集会に出たい……僕はサッカー部の顧問であるミズノ監督に告げた。

「あの、辞めたいんすけど、サッカー部」

次の瞬間、拳が飛んできた。

「おまえがいなくなったら、このチームどうなるんだ！」

また拳が飛んできた。

「チームのこともっと考えろ！　おまえにはハートがねぇのか！」

拳が止まらない。

「腐ったハートしやがって！」

そこへ、信じられないタイミングで母が現れた。弁当を持ってきてくれたのだ。殴られて血だらけになっている息子を見て、母は叫んだ。

「もっとやってください！」

たった1日の高校生活

進学相談の席上、担任の先生はしかめっ面だった。

「高校、どうするの？」

「サッカー推薦いけるっしょ」

「とんでもない！　あんた素行が悪すぎる。推薦なんか出せません！」

夢が音を立てて崩れた。今思えば担任の先生の言う通りなのだが、15歳の僕はこの時初めて目の前が真っ暗になった。

(俺、県代表だぞ、なんで推薦もらえないんだよ……)

無言で頷き、教室を出た。もういいや。昼間テキトーに働きながら、夜は爆走すればいい。

進学する気はなかったが、母親に懇願されていくつかの高校を受験した。〝名前が書ければ入れる〟と揶揄される公立、私学もことごとく落ちた。唯一引っかかったのはN市のN高校。愛知県屈指のヤンキーの巣窟。

「かったりぃなぁ」

市をまたぎ、入学式に向かった。坂道を３００メートルほど登り、校門をくぐると、たちまち80人ほどに囲まれた。

「おい、おめぇか、スペクターの次期総長候補ってのは！」

暴走族には〃そのスジの方々〃と同じく、シマという概念がある。地元を走ってもいいが、隣県隣市の道路、すなわちシマ(縄張り)を走ってはいけないという絶対的なルールがあるのだ。これを犯せば容赦ない制裁が加えられる。

市をまたいだ越境入学。それは彼らのシマを侵すことと同義だった。80人の大集団に囲まれてなす術はなく、袋叩きにされた。

ぼろ布のようになった体を引きずっていき、校舎の陰でタバコを吹かした。

「くそったれが……」

タバコのフィルターは、血で染まっていた。

その日のうちに、学校から母親へ呼び出しがかかった。

「この人、タバコ吸ってましたよ」

担任になる先生が言った。「この子」でも「この生徒」でもなく「この人」と発音した。

「退学届、そちらからお願いいたします」

通常、喫煙が発覚した場合は停学処分だろう。しかし、入学式にリンチに合った暴走族の次期総長候補の新入生は、明らかに学校から煙たがられていた。タバコは〝決め手〟としては弱いものの、退学を迫るきっかけにはなったはずだ。

こうして、高校生活は１日で終わった。

12歳ごろの筆者（写真右）

夜光虫

高校を一日で退学し、ますます悪さのスピードが上がってしまう直也少年。ついには暴走族の総長にまで突っ走ってしまいます。彼は一体何を追いかけ、何に追われていたのでございましょう。

〝ノンフィクション〟が売りのこの噺ですが、暴走の描写は多分にフィクションを含みます。

生まれてごめん

高校を一日で退学になった俺は、翌日から働き始めた。

「舗装工事で日給2万近くもらえるらしいけど、やる?」

「おー、やるやる!」

そんな具合に道路工事、内装業、鳶といわゆる日雇い仕事を転々とした。就職する気はさらさらなかった。暴走族は忙しいのだ。

バイト代は特攻服に溶けた。刺繍を入れるだけで12万円かかった。チーム名(スペクター)、連合名(CRS連合)、肩書(十二代目総隊長)と入れ、あとは好きな言葉(県警上等/追うは県警　逃げるは我ら/売られた喧嘩は買う度胸　売った喧嘩は勝つ根性、などなど)を散りばめた。

襟首のところには「生まれて御免」と刻んだ。太宰治の生き様を表す名言として知られる「生まれて、すみません」なんて、当時の俺が知る由もない。ただなんとなく耳に残っていたフレーズを頂戴しただけで、もちろん生まれたことを反省なんかしているわけがない。

夜な夜な暴走しまくる息子のことを、当時の母はどう思っていたのか？　大人になってから聞いたことがある。

「殺したいと思ってたよ」

父は転勤で家にいなかったため、母がひたすら心を痛めていた。夜の国道へ探しに出てはため息をつき、家の壁に穴を開けられ、「いいかげんにしなさい！」と叱れば「うるせぇ、クソババァ！」と一喝される。そんな日々の中で、母は本気で息子を手にかけようと思うほど追い詰められていたのだ。「生まれてごめん」は皮肉にも核心を突いた言葉だった。

刹那の享楽

警察庁の資料によると、暴走族の構成員数は１９８２年（昭和57年）の４万２５１０人（７１２グループ）をピークに下降。だが、２００２年（平成14年）には構成員数は2万1178人と減少しているものの、グループ数は13113と過去最高の数値となっている。

つまり昭和の暴走族は、数百人という大所帯のグループが多かった。平成は数十人という少数のグループが増えた、ということになる。

俺が暴走族に入った2000年（平成12年）は、名古屋にも多くのチームがあった。記憶しているだけでも市内に20ほどはいたと思う。俺が所属する天白のスペクター、港区の流星、千種のホワイトパンサー、大府の白虎隊……など。

暴走族はシマを侵そうとするやつには牙を剥く。たとえば名古屋チームと三河安城のチームは触れ合った瞬間に喧嘩になる。しかし同じ名古屋市内のチームは名古屋というシマを守る同士であり、仲が良かった。深夜0時になると尾頭橋に集まり、みんなで繰り出していくのが決まり。平日は100台ほどのバイクが集まり、金曜と土曜の夜は200～300台になった。

「今日は俺のところが主催だから、よろしく！」

「わかった！　こちらこそよろしく！」

こんな風にそれぞれの総長同士が連絡を取り合い、その日のメインとなるチームに追随していくスタイルだ。

タツヤ君のおさがり、カワサキのゼファー４００で闇の中を疾走していく。街灯に映えるワインレッドのタンクにうっとりしながら、緩やかな登りのカーブをクリアし、直線でノリノリに蛇行する。

サッカーを挫折してしまったという後悔を引きずってはいたが、それよりはもう学校に行かなくて済む、適当に稼いで走りまくればいいという短絡的な欲が勝っていた。おまけにサーフィンまでやり始め、俺は自分の時間をことごとく好きなことだけで埋め尽くした。

平日の夜はひたすら走り、土曜日の昼は波に乗り、金が尽きそうになると日雇いで凌ぐ。刹那的な生き方に酔いしれていた。

12代目総長

暴走族は文字通り暴走する族（集団）という意味だが、実は個々に役割や肩書が存在する。

中でもチーム内の尊敬を集めるポジションが〝ケツマク〟だ。これは暴走する際にしんがり（最後尾）を走る役割のこと。〝ケツ持ち〟ともいう。警察に追われる際に、それを止めて本隊を守る働きをするために運転技術が要され、また逮捕される可能性も一番高いポジションだ。

俺はよく、ケツマクを張った。

「今日は来ねぇな」

バックミラーを一瞥して後方の安全を確認。手放し運転でタバコに火をつける。吐き出すそばから煙が後ろへ流れていくのだが、ふと気配を感じてバックミラーを覗き込む。いない。

「うおっ！」

どこからどうやって現れたのか、覆面パトカーが横付けしている。火をつけたばかりのタバコを捨て、ウイリーするほど一気にアクセルを吹かす。

「直也、お前、この野郎！　止まらないとパクるぞ!!!」

警察は俺の名前を知っていて、スピーカーで連呼する。それでも蛇行を続けてパトカーを自分にひきつけ、前を行く本隊を守る。

「てめぇこの野郎！　止まれっつってんだろ！」

ガツンガツン！

警察はとうとうパトカーの鼻先でバイクのケツを突いてきた。

「なにすんだ！　クソ！」

さらにスピードを上げるのだが、向こうも抜群に運転が上手くて速い。横付けしてきたパトカーの助手席の窓が降り、そこからヌッと棒が伸びてくる。バイクのホイールに突っ込む気だ。もちろん突っ込まれてしまえば、次の瞬間に俺は空を飛び、バイクは火花を散らしながら道を滑っていくだろう。

「殺す気かよ！　おらあああ！」

ギアを一段落とし、アクセルを全開にしてさらに加速する。スピードを上げると左右に流れる景色が、速すぎて壁のようにみえる。狭まった視界の中、針の穴を通すようにアクセル全開で切り込んでいく。徐々にバックミラーの中の覆面が小さくなる。なんとか振り切ったようだ。

「クラウンだったから助かった……」

たまに警察は国産車最速の日産スカイラインGT—Rを投入してくることがあった。クラウンも充分速いが、GT—Rは次元が違う。そうなると大げさではなく死を覚悟しなければならなかった。

〝ケツマク〟として責任を果たせなかったこともあった。俺を抜き去っていった覆面が、逃げていく本隊に突っ込んでいく。蜘蛛の子を散らすように本隊がバラバラに散っていくのが見える。

「ああ、ごめん!!!」

なぜ世間様に著しい迷惑をかけ、こんなくだらない命の張り方をするのか。当時の俺の耳には、そんな至極真っ当なお説教は届かなかった。自分でもどうしようもない、腹の底からほとばしる激情に支配され、夜な夜な爆走を繰り返した。〝ケツマク〟の責任を果たして本隊へ追いつき、仲間たちと勝利を叫ぶ時、俺は狂ったように笑った。狂気的なスピードとスリルの中で味わう快感は、何物にも代えがたい毒性があった。

あいつはいつも〝ケツマク〟で仲間たちのことを守ってる——。11代目総長のタツヤ君が自身の引退と後継者を発表したのは、2000年の夏の終わりだった。

総長を決める際には、投票制を敷いているチームもある。基準はざっと、

・暴走への出席率
・喧嘩で怯まない度胸と根性
・運転技術
・吹かしの上手さ
・仲間を思いやる気持ちの強さ

といったあたりだ。スペクター天白支部の場合は、11代目総長タツヤ君の一存だった。仲間たちからの異論もなく、俺は12代目の総長に抜擢された。

逃走

エンプティランプが灯った。

「ガソリン入れて後から行くわ」

並走していたカツ君に告げ、Uターンした。

闇の中に煌々と光るガソリンスタンドに乗り入れた瞬間、寒気がした。振り向くと覆面パトカーが進路を塞いでいる。

「うお！」

旋回して逃げる隙も時間もない。バイクを警官のほうへ向かって倒し、走って逃げだした。

「おい！　待て！」

10トントラックの間をすり抜け、国道1号線を走った。やがて脇道へそれると、高い塀が現れた。

「待て！」

すぐそこに警官が迫っている。振り切るためにはよじ登るしかない。かなり高い塀だが、ぐずぐずしている暇はない。勢いをつけて登ると、弾みで向こう側へ落ちた。

べちゃーん。

田んぼだった。ぬかるみから必死で足を引き抜き、田んぼを抜け出した。泥だらけの特攻服で藪の中に飛び込んだ。深緑の中、息を潜める。

「どこ行きやがった！」

「出てこい！」

両手で口を塞いで乱れる息を必死に押し殺す。絶対に捕まるわけにはいかなかった。特攻服を着ているため暴走の主催者とみなされる。そうすると無条件で1年間、少年院送致となる。仲間たちと、当時付き合っていた彼女と1年間離れ離れになるなんて絶対に耐えられない。

息の乱れが収まるまで、俺は闇に紛れて微動だにしなかった。やがて警官たちの声が遠ざかると、注意深く藪から這い出した。

「やばかったぁ……」

一安心すると、ひどくのどの渇きを覚えた。工場の入り口に自販機が光っている。ポケットから小銭を取り出し、投入口に入れた瞬間だった。

ウウーン　ウウーン

覆面パトカーがみえた。ジュースを取ることもできず、再び走り出した。もうダメだ、あいつら地の果てまで追いかけてくる。捕まっちまおうか。もう息も緊張感もこれ以上続かない。捕まったほうが楽になれる。いや、逃げなきゃ。１年行かなきゃいけないんだぞ……。

工場の柵を越え、コンテナ群の中に身を隠した。どのくらいの時間、息を潜めていたのかわからない。周囲が静まり返ると、俺はふらふらと国道へ引き返し、ヒッチハイクで仲間のもとへ戻った。

「パクられたかと思ったよ！」

「なんとか逃げ切った……」

「バイクは？」

「スタンドに捨ててきた……」

「警察に撤収されとるな……」

翌朝。家に帰った俺は、家電話の前にずっと立っていた。かかってくるであろう電話に絶対に俺が出なければならないからだ。母親には出てほしくない。案の定、電話が鳴った。

「はい、小口です」

「蟹江警察署ですけど、小口直也君の名義のバイクが暴走行為で撤収されておりますが……小口君だね？　君、昨日走ってたよね？」

「違います。パクられたんです」

俺はとぼけた。昨晩の暴走は、俺のバイクを誰かが盗んで乗り回していたのだ、という設定で押し通した。

お世話になっている地元のバイクショップにトラックを出してもらい、警察署へバイクの引き取りに向かった。その際、俺は金髪ロン毛をバッサリ切り、黒髪に戻して臨んだ。

警官は案の定、昨日の暴走の模様を写真に収めており、証拠とばかりに俺に提示してきた。特攻服に身を包んだ金髪ロン毛の俺が写っているが、夜間撮影のために顔ははっきりしない。

「これ、俺じゃないっすよ。髪の毛も全然違うし」

どうにか乗り切り、俺はバイクとともに帰ることができた。もっとも、警察もわかっていて見逃してくれたんだろう。

後日。俺はまたゴキゲンで〝ケツマク〟を務めていた。懲りない。10トントラックの間をすり抜け、命からがら逃げたにもかかわらず全く懲りていない。思い出すだけでも背筋が凍る。この当時は狂っていたとしか思えない。いや、間違いなく狂っていた。

平和公園

シマを侵してはならない。ある日、この絶対的なルールが破られた。三河安城連合の特攻服を着たバイクが2台、名古屋市内に現れ、事もあろうに名古屋の暴走隊の中に割り込んできたのだ。

「なんだこいつら！　おい、止めろ！　止めろ！」

１００台あまりの名古屋連隊の中に2台で突っ込んでくるなんて、自殺行為以外の何物でもない。当然のように2台は袋叩きにあった。

「やりすぎんなよ」

どうにかバイクで帰ることができる体力を残して2台は解放された。ちょうど害虫駆除の名人がスズメバチの体に長い紐切れの目印をつけ、解き放つ行為に似ている。目印を追っていけば、どこに巣があるのかを見つけることができる。

奇襲を仕掛けてきた2台はボロボロの状態で巣へ帰っていった。あくる日、思った通りに電話がかかってきた。

「やってくれたな、この野郎！」

「ふざけんな。おまえらが尾張を走れるわけねーだろ！」

「上等だ、この野郎！」

「今夜、平和公園に来いや！　ぶっつぶしたる！」

「望むところや、こら！　覚悟しとけや！」

深夜0時。千種区にある平和公園で三河安城連合の到着を待った。公園の脇には黒塗りの高級車が5台ほど、〝そのスジ〟の方々が見学しに来ている。

街灯の届かない広大な公園は真っ暗闇。敵味方の判別ができなくなっては危険なため、赤いタオルを巻くことにした。そうこうしていると、おびただしい数のヘッドライトが爆音とともに近づいてきた。その数100前後。こちらも同数いる。

「いくぞ！」

赤いタオルをなびかせて、光に向かって走っていった。闇の中、怒声、叫び、呻きがあちこちで聞こえる。200人が入り乱れ、現場はもうぐちゃぐちゃな状態に陥っていた。

「おい、おまえらやめろ！」

〝見学〟の方が出てきて、戦闘を一時中断した。

「これじゃ埒が明かねぇ！　おい、頭同士でタイマン張れ！」

総長同士が1対1で喧嘩して白黒つけろ、という提案だ。

俺が進み出ると、敵の総長は金属バットを振り回してきた。上腕で受け止め、返す刀で殴りつける。この頃の俺はどうかしていた。相手が金属バットを持っていようが、木刀だろうがナイフだろうが、全然怖くないのだ。絶対に勝てると信じて疑わなかったし、アドレナリンが溢れ出ているため、腕で金属バットを受け止めてもさほど痛みを感じないのだ。

「おら！　さっきの威勢はどうしたんだよ！　おらぁ！」

素手の俺がどんどん押し込んでいった、次の瞬間だった。後頭部に衝撃を覚え、目の前に星が飛んだ。背後からもう一本の金属バットで不意打ちされたのだ。自分の総長が不利だとみた仲間の一人が加勢したのだ。

「なにやってんだ、てめぇは！　タイマンに茶々入れてんじゃねぇ！」

〝見学〟の方が怒鳴ると同時にそいつをボコボコにして、戦闘は終わった。俺はぱっくり割れた頭を12針縫う羽目になった。

それにしても、だ。そもそもなぜ三河安城連合の2台は名古屋市内に攻めてきたのか？　なぜそんな自殺行為を起こしたのか？　もしかしたら名古屋のどこかのチームの誰かが、三河のほうでオイタをしたのかもしれない。それで怒って攻めてきたのかもしれない。真相はいまだ、平和公園の闇の中だ。

密着！　警察24時！

テレビで一年に数回『密着！　警察24時！』みたいな特番がある。あの収録が行われることに、街の誰よりも早く気付くのは暴走族だ。国道や県道沿いに、見慣れない集団がいる。撮影している。ああ、『密着！　警察24時！』だな。そろそろ来る頃だと思ってた。そんな風に敏感に察知する。見つけたやつが真っ先に仲間たちへ知らせ、連絡網ですぐに情報が共有される。俺もバイクで国道一号を流していて、真っ先に気づいたことがあった。

「おい、密着24時の撮影スタッフがおる。今日、封鎖あるぞ」

封鎖というのは、警察が網なんかを使って暴走族を根こそぎ捕まえる大捕り物だ。

「だからよぉ、今日はルート変えるからよぉ」

中止にはしない。あくまで作戦を変更するのだ。いや、むしろ、いかに封鎖と撮影をかいくぐるかと燃えてしまう。

撮影スタッフも「頼むぞ、走ってくれよ！　暴れてくれよ！」と祈るような気持ちでカメラを回しているはず。だからこそ俺は、撮影スタッフの裏をかいてやろうと思っていた。思い切って大胆にも県警の前を走ってみたり。警察もテレビも、まさかだったろう。カメラも封鎖も、全くのノーマークだった。

もちろん、放映日はチェックしていた。知り合いが靴を脱いで裸足になって逃げ回っていたり、警察官に取り押さえられているところが映っていたことがあった。

「おい、あいつじゃねぇか」

ちなみに俺が現役だった頃に、この手の番組は4回ほど放映があったが、俺は一度も映っていない。

引退暴走

17歳の冬の入り口。タツヤ君の家に、仲間たちとたむろしていた。タバコを吹かしながら馬鹿話で盛り上がっていた時、ふと俺は時間が止まったような感覚に陥った。仲間たちは喋り続けているのだが、何も聞こえない口パク状態。ふと差し込むように、もう一人の自分が俺に囁いた。

（こんなことしてていいのか？）

気心の知れた仲間たちとバカやっている毎日は、たしかに居心地はいい。しかし、ずっとこのままではダメなんじゃないか。

「おい、どーした？　ボーっとして」

「ん？　あ、いや。うん」

とはいえ、辞めてどうする？　何をして生きていけばいいのか？　しばらくの間、物思いに耽ることが増えた。やがてひとつの思いに至った。

（役者にでもなるか）

なるかといってなれるものではない。ただ思いついただけだ。『ファイト・クラブ』とか『アメリカン・ヒストリーX』『うなぎ』など、映画がもともと好きで、役者というものにぼんやりと憧れのようなものを抱いていた。

後日。俺は暴走の後に、カツに言った。

「もう引退するわ」

「え、なんで⁉」

「やりたいこと見つけたから」

暴走族はおよそ16歳で免許を取って、２年ほどで辞めるのが通例だ。先代の総長を務めたタツヤ君もそうだった。17歳の終わりが見えてきた俺にとってはタイミングも合っていた。

引退を宣言してから２週間後、引退暴走が催された。俺のために名古屋市内の様々なチームから４００台近くが集まってくれた。

「名古屋駅の噴水ん所から酒屋のとこ曲がって、真っすぐ行って。国際センター前を通って、真っすぐ行って、東山のバスレーンのほうに進め。いつもの、わかってんな⁉」

「はい！」

「気合入れていくから！　夜露死苦！」

総長として、いや総長になる前から〝ケツマク〟ばかりをやってきたが、引退暴走では先頭とケツを行ったり来たりした。しかし先頭を走っていても、どうしても後ろの様子が心配になった。俺はスピードを落とし、ケツマクに戻った。４００台近くが走っているため、本隊と１キロ弱離れた。１台だけでゴロゴロと流していると、やけに感傷的な気分になった。

（もう走ることはねーんだなぁ）

未練ではなく、ただ寂しかった。戻る気はないし、第一これだけのセレモニーを開催してもらって撤回などできるわけがない。今日で本当に終わり。だからこそ寂しくなった。

仲間たちのもとへ合流すると、

「ご苦労さま」

「お疲れさま」

という声とともに花束を渡された。

右手でアクセルを開きながら、左手いっぱいに抱えた。
まるで花束が走っているようだった。

いわゆる「現役」だったころの筆者

赤レンガ

暴走族を引退し、何のあてもなく一路、東京へ。パチンコ店やレストランでアルバイトをしていた直也青年ですが、どういうわけだか落語の世界へ飛び込むことになるんでございます。

小口直也に加え、瀧川鯉斗というもうひとつの名前が生まれるところでございます。

東京の家

引退暴走から3カ月。役者になるなら東京へ行かないと始まらない。俺はサーフィン以外の時間をすべてバイトに注ぎ込み、資金を貯めて上京した。

墨田区にいとこが住んでいた。子供の頃に遊びに行ったことがあるが、頼ろうとは思わなかった。ボロくとも自分の城を構え、イチから積み上げていきたかった。

新宿へ近い、という理由だけで中野にアパートを借りた。駅まで徒歩2分の家賃6万円。六畳一間のネズミが出るようなぼろアパートだ。

役者の養成所に入り、家から近いパチンコ屋でバイトし始めた。

「15番台のお客さま〜！　おめでとうございま〜す！」

マイクパフォーマンスはもうわかった。2カ月弱で辞め、次なるバイト先を探した。次も何か役者活動に役立つようなものがいいかな。でも何すりゃいいんだ？『フロムエー』をペラペラめくっていると、新宿のページで手が止まった。

「やっぱ新宿がいいよなぁ〜。ん？　イタリアンをメインにした多国籍料理のレストラン……ふーん、役者と関係ねーけど、まぁいっか」

以前から調理に興味があったこともあり、どんな店なのかも深く考えず、早速店にアポイントをとって面接へ出向くことになった。

JR新宿駅南口を右へ出て、坂道を降りていく。交差点にあるファーストキッチンの裏に目当ての雑居ビルがあった。

赤いレンガ造りの螺旋階段を降りていき、赤レンガと書かれたガラス扉を押した。エントランスの右手には5人掛けテーブルが四つ。奥にソファ席が四つとカウンター席。エントランスの左手には6人掛けの丸テーブルひとつと4人掛けのテーブル席がふたつ、その奥にピアノ、そしてステージがあった。

「広いだろ？　200人くらい入るからな」

オーナーはいかつい風貌だった。

「うちは音楽を楽しみながらご飯食べられる店なんだよ。ジャズがメインな。基本的に毎日、プロのピアニストと歌い手を呼んでライブしてるよ。ゲストが来ることもあるけどな」

オーナーの穂高政明さんは音楽業界に顔がきく人だった。かつて芸能事務所に所属し、「ザ・ラヴ」というグループサウンズで活動していたミュージシャンだったのだ。1969年に『イカルスの星』という曲がヒットしたらしいが、俺が生まれる15年以上前の曲を知る由もない。

穂高さんは履歴書を見ながら言った。

「ふーん。名古屋かぁ。で、中学卒業してから何してたんだよ？」

「……日雇いやりながら、暴走族やってました」

「……そうか。で、おまえ何になりてえんだ？」

「役者になりたいんです」

「そうか。明日から、うち来い」

雑居ビルの地下が店で、6階には大きな冷蔵庫や調理器具、食器などが置かれてあった。ド新人の俺は当面、スタッフの言いつけ通りに6階と地下を行ったり来たりしたのだが、すぐにバイトを辞めたくなった。仕事が辛かったわけじゃない。なぜか俺はスタッフたちにシカトされた。話しかけても返事もしてくれないし、目も合わせてくれないのだ。そんなの我慢できなかった。

「俺、辞めますわ」

穂高さんに言うと、すごい剣幕で怒鳴られた。

「ばかやろう！　なんでシカトされてんのか、わかんねーのか！」

「……」

「おまえ、目上の人間に〝君付け〟はねーだろ！　〝さん付け〟で呼べ、ばかやろう！」

「……」

「そりゃみんなシカトもしたくなるだろうよ！　ド新人に〝君付け〟で呼ばれたって返事するわけねーだろ！」

「……」

悪気はなかった。むしろ親しみを込めて「○○くーん」と呼んでいた。完全に暴走族時代の名残だ。

「暴走族、辞めたんだろ！　いつまでもそのメンタル引きずってんじゃねぇ！　これは仕事なんだ！　ここは職場なんだよ！」

「……すいません」

「簡単に〝辞める〟なんて言うんじゃねぇ！」

「……すいません」

「辞めるんじゃねぇ。続けろ」

「……はい」

こうして俺は上京早々に社会の洗礼を浴びた。このあとも赤レンガという場所は、長らく社会のはみ出し者だった俺を見捨てず、育ててくれる〝家〟になった。

芝浜

赤レンガではたまに音楽以外のイベントも行うことがある。たとえば年に2回、落語の独演会が催されるのだ。

穂高さんの知り合いのプロデューサーの提案で、毎年開催されるようになったらしい。なんでもそのプロデューサーは一人の落語家に惚れ込んで、わざわざ寄席の楽屋へ訪ねていって、レストランでの独演会をやってくれと口説いたらしい。穂高さん自身も落語が好きで恒例化したという。

「おまえ、落語知ってるか？」

「いやぁ、知らないっす」

オーナーに聞かれ、俺は首を横に振った。当時の俺は、落語のことを全く知らなかった。好きも嫌いもない。全く縁がなかったのだ。

（落語って……着物を着たおじいさんが「えー」とか言ってるやつかな。よくわかんねぇなぁ。でもなんでオーナーは俺にそんなこと聞くんだ？）

『笑点』を観たことはあるが、あれが落語なのかどうなのか、出演者は着物を着ているが、あの人たちが落語家なのかどうなのかすら知らなかった。

「おまえ、役者になりてぇんだろ。落語くらい知っておけよ」

「はぁ」

オーナーは俺を厨房へ連れて行った。そしてオーナーの息子さんである料理長に言った。

「料理長、ちょっといいか」

「はい、なんでしょう」

「こいつ、コックになるためにここに来てるわけじゃないんで。役者になるために来てるからさ。今度の独演会を見せてやりたいから、その日は休ませるけど、いいか？」

「わかりました」

料理長が了承すると、穂高さんは俺のほうへ向き直って言った。

「ってことだから。おまえ、今度休んでいいからな。落語ってのが、どんなもんか一度見てみろ」

「はい。ありがとうございます」

独演会当日。落語家がステージにこしらえられた高座（芸人が芸を演じる一段高くなった場所）にのぼった。

春風亭鯉昇（のちに改名して瀧川鯉昇）。

俺には〝着物を着た禿げたおじさん〟としか思えなかったが、周囲に合わせて拍手をした。

落語家は深く頭を下げて『芝浜』という噺をやり始めた。夫婦の愛情を描いた人情噺の名作中の名作。実に感動的な噺なのだが、当時の俺は当然、知らない。

魚の行商をしている亭主は、腕はいいものの酒好きが高じて商売は失敗続き。ある朝、海で大金の入った財布を拾う。すっかり気が大きくなった亭主は、家に仲間を呼び寄せて大酒を喰らう。

翌朝、すっかり二日酔いの亭主は女房に叩き起こされ、昨晩の大酒の支払いをどうするつもりかと説教される。大金の入った財布のことを伝えるも、夢でも見てるんだと一喝されてしまう。実際に家中を探しても財布は見つからない。大いに反省した亭主は心を入れ替え、商売に精を出す。

三年後には店を構えるまでになり、女房と穏やかな大晦日を迎えた。亭主は女房の献身に感謝するが、思わぬ返事があった。

三年前。亭主が拾ってきた大金に慌てた女房。十両盗めば首が飛ぶといわれる時世。怖くなり、大家に相談した上で、落とし物として役所に届け出た。二日酔いの亭主に財布の件を問われた際には「夢でも見たんだ」といいくるめ、結局、落とし主が現れなかったため、財布は女房のもとへ戻ってきた。

いつ真実を話そうかと女房は心を痛めるが、亭主はすっかり商売に夢中になっている。真実を話して、また亭主が昔の姿に戻ってしまうのが怖い。言いそびれて大晦日を迎えてしまった、と女房は泣いて詫びる。

亭主は怒るどころか、その献身に深く感謝する。女房は亭主をねぎらい、久しぶりに酒をすすめる。一度は拒んだ亭主だったが、一杯だけと口に運ぶ。しかし唇から杯を離して一言。「よそう。また夢になるといけねぇ」。

古典の言葉遣いがところどころわからなかったが、気が付けば俺は身を乗り出して聴いていた。すごくいい噺だ。大きな拍手の中、また深く頭を下げる落語家の姿を見た時、全身が震えた。

すごい。男性も女性も呑み仲間たちや大家さんも、一人で何役も演じている。セットも何もない。座布団だけだ。手には扇子と手ぬぐいしか持たず、30分もたった一人で、これだけたくさんのお客さんを引き込んでいく！

「落語、すげぇ……」

涙ぐんでいるお客さんもいる中、俺もまた打ちのめされていた。役者は複数人で舞台に上がり、躍動する。それはそれですごいし、面白い。しかし落語家はたった一人で座布団の上で噺をするだけだ。それなのに、どうして俺はこんなに心を揺さぶられたんだろう。この衝撃はなんなんだ。

打ち上げ

役者の養成所はもう通っていなかった。ボイストレーニングや演技の練習などを決められた時間割でやみくもにこなしていくことが嫌になってしまっていた。俺が向上心を持って、自分なりに課題を見つけて精進することができれば、また違っていたかもしれない。役者の世界は深く、素晴らしいものだ。しかし、当時の俺はこんな心境で、落語界の厳しさも知らなかったから、目の前で見た衝撃にただただ感動していたのだ。

呆然としている俺に穂高さんが近づいてきた。

「おい、どうだった？　落語は」

「はい。すごかったです。究極の一人芝居なんですね」

その後、打ち上げの席で俺はその落語家に近づいていった。

「あのう」

「はい？」

「弟子にしてください」

「……へ？」

小柄な落語家は目を見開いた。そりゃ驚くだろう。目の前にいきなり１８０センチを超える目つきの鋭い若者が立ち塞がって、弟子にしろと言うんだから。

「……落語はよく見るんですか？」

「いや、知らないっす。今日、初めてっす」

「……そうですか」

「……はい」

「……うーんとね、新宿、池袋、浅草、上野あたりに寄席というのがあります」

「よ、せ……」

寄席とは、落語や講談、漫才、漫談、奇術、紙切りなどの芸事を楽しめる演芸場のこと。毎日昼席と夜席があり、一回の公演に落語家が10人ほど出演する。当然、この当時の俺は知らなかった。

「寄席というところが、落語家の仕事場になります」

「……はい」

「一回、寄席をごらんなさい。それで、いいなぁと思ったら、また私んとこに来なさい」

春風亭鯉昇はそう言い残し、去っていった。

領収書の束

生まれて初めて落語を聞いたこの頃、俺は中野のぼろアパートを引き払っていた。穂高さんの計らいで、赤レンガの入る雑居ビルの上の階で、穂高さんのお母さんと息子で料理長のアキヒトさんと共に住まわせてもらっていたのだ。穂高さんは本当に良くしてくださった。

「師匠に寄席をみてこい、って言われたんだろ」

「はい」

「入場料、赤レンガで領収書切ってこい」

「え、いいんすか？」

「行ってこい」

「ありがとうございます」

俺は心から御礼を言った。名古屋から上京してきた元暴走族総長に、スタッフを〝君付け〟した挙句にシカトされて逆ギレした俺に、穂高さんは根気よく目をかけてくださった。

朝、レストランのフロアをワックス掛けし、みんなで朝ご飯を食べ、それから寄席に通った。料理長のアキヒトさんが毎朝、

「これで、マックでも食えるだろ」

と500円をくれた。

都内の寄席といえば、新宿の新宿末廣亭、池袋の池袋演芸場、浅草の浅草演芸ホール、永田町の国立演芸場、上野には鈴本演芸場、お江戸上野広小路亭。日本橋にはお江戸日本橋亭、といったところがある。

俺は歩いていける新宿末廣亭に通うことにした。鯉昇さんはとりあえず俺を試したのだろう。いきなり「弟子にしてください！」なんて、若いのが勢いで言ってるのかもしれない。だから何回か寄席に行ってみて、それでも心変わりがしなかったら、また改めて相談に乗ろう。そんなつもりだったと思う。

俺自身も正直、まだ役者への憧れはあった。2021年現在でこそ若手の落語家は

郵便はがき

お手数ですが
切手を
お貼りください

150-8482

東京都渋谷区恵比寿4-4-9
えびす大黑ビル
ワニブックス 書籍編集部

お買い求めいただいた本のタイトル

本書をお買い上げいただきまして、誠にありがとうございます。
本アンケートにお答えいただけたら幸いです。
ご返信いただいた方の中から、
抽選で毎月5名様に図書カード(500円分)をプレゼントします。

ご住所 〒

TEL(　　-　　-　　)

(ふりがな)
お名前

ご職業

年齢　　歳

性別　男・女

いただいたご感想を、新聞広告などに匿名で使用してもよろしいですか？（はい・いいえ）

※ご記入いただいた「個人情報」は、許可なく他の目的で使用することはありません。
※いただいたご感想は、一部内容を改変させていただく可能性があります。

●この本をどこでお知りになりましたか?(複数回答可)

1. 書店で実物を見て　　2. 知人にすすめられて
3. テレビで観た(番組名:　　　　　　　　)
4. ラジオで聴いた(番組名:　　　　　　　　)
5. 新聞・雑誌の書評や記事(紙・誌名:　　　　　　　　)
6. インターネットで(具体的に:　　　　　　　　)
7. 新聞広告(　　　　新聞)　　8. その他(　　　　)

●購入された動機は何ですか?(複数回答可)

1. タイトルにひかれた　　2. テーマに興味をもった
3. 装丁・デザインにひかれた　　4. 広告や書評にひかれた
5. その他(　　　　　　　　)

●この本で特に良かったページはありますか?

[　　　　　　　　]

●最近気になる人や話題はありますか?

[　　　　　　　　]

●この本についてのご意見・ご感想をお書きください。

[　　　　　　　　]

以上となります。ご協力ありがとうございました。

増えているが、この当時は、おじさん&おじいさんしかいない世界だった。ヤクザと落語家の二足の草鞋を履く主人公を描いたテレビドラマ『タイガー&ドラゴン』が放映されるよりも前のことだ。

役者の世界のほうがはるかに華やかであることは間違いないし、そもそも俺は落語家ではなく、ドラマで落語家を含む様々な人物を演じる役者のほうになりたいと思って上京してきたのだ。

しかし、寄席に通い詰めていくうちに、どんどん落語に惹かれていった。ただ笑わせるだけじゃない。末廣亭の高座で見る春風亭鯉昇、入船亭扇遊、まだご存命だった柳家喜多八（２０１６年没）といった真打の芸は胸に響いた。座布団に座ったままで情景をありありと浮かびあがらせ、登場人物を巧みに演じ分けて笑わせるし、泣かせるし、唸らせる。

俺は役者への憧れを捨てきれないまでも、徐々に徐々に落語家の道へ惹かれていくのが自分でもわかった。

赤レンガで切った領収書は20枚ほどの束になっていた。

弟子入り

　決意を固めた俺は、穂高さんに訊ねた。

「鯉昇さんは今度、いつ来ますか？」

「どうしたんだよ？」

「いや、本当に落語がやりたい、って伝えたくて」

「……そうか。わかった」

　穂高さんは早速連絡を取ってくれたようだ。間もなくして鯉昇さんが店に来てくださった。

「新宿で寄席を見てきました。20回くらい……」

「あそこが仕事場でいいの？」

「はい」

「……そう。じゃあ明日から、うちに来なさい」

　翌日。俺は赤レンガの独演会を企画したプロデューサーさんとともに王子駅に降り立った。鯉昇さんの家を訪れるためだ。駅前の不二家に入り、お茶をした。

「いよいよだね」

「はい」

「なんか緊張するね」

「そうっすね」

「そろそろ歩いていこうか」

「あ、はい」

鯉昇さんのマンションの手前に来た時、俺は思わず「えっ？」と声を上げた。バイクにまたがった穂高さんがいたのだ。

「俺もちょっと心配だったからよ。来た」

しかもスーツ姿だった。ヘビースモーカーで、スタッフが遅刻するとテーブルに足をのせて「おせえんだよ、この野郎！」と凄むような人が、スーツを着て駆けつけてくれたのだ。俺は胸が熱くなった。

「ありがとうございます」

頭を下げると、穂高さんは照れくさそうに「行くぞ」とバイクを降りた。

いよいよ3人で鯉昇さんに向かい合うと、正座した穂高さんは「こいつのこと、どうぞよろしくお願いいたします」と深々と頭を下げてくれた。それを見た俺もあわてて頭を下げた。

この時のことは今でも鮮明に覚えている。のちに鯉昇師匠も「あの人はおまえの親だからね」とおっしゃっていた。本当にその通りだ。まだ名古屋の両親には、落語の字も伝えていなかったから、〝東京のお父さん〟である穂高さんがいたから、鯉昇さんも応じてくれたのだ。

フロムエーで赤レンガを見つけなければ、穂高さんに出会わなければ、俺は絶対に落語家の道へ入ることはなかった。実の息子のように、俺を育ててくれた。

「まずは見習いということで」

鯉昇さんがそう言った瞬間、俺の弟子入りが決まった。

俺は弟子入りが決まって間もなくして地元・名古屋に帰省する機会があった。

「総長、いま何してるんすか?」

俺は暴走族時代の仲間たちに、ＩＣレコーダーに録音した師匠の落語を聞かせた。みんな真剣に最後まで聞いてくれた。しばらく沈黙があった後、一人が言った。

「総長、俺にはムリっす！」

仲間たちは落語を一度も聞いたことがないのはもちろん、『笑点』の出演者たちが落語家だということを知らなかったし、落語家という生き物の存在すら知らなかった。

はじめの一歩

落語の世界は、出世魚のように前座、二ツ目、真打という順番で昇進していく。だがこれは正確ではない。細かく分けると、前座の前にも段階がある。

最初から説明すると、まずは〝弟子入り〟。しばらくの見習い期間を経て〝楽屋入り〟を許される。楽屋入りをしてからも、しばらくの見習い期間があり、やっと〝前座〟になるのだ。

前座の中にもランクがある。修業期間が長くなって後輩の前座が入ってくると、徐々にランクアップし、最終的には前座のトップである〝立て前座〟になる。この前座全体の責任者を経て、二ツ目に昇進する。ここでもひたすら修業を積んで、やっと真打に昇進する。実に長い道のりだ。

大相撲や将棋の世界と似ている。たとえば大相撲。仮に大関三役レベルの力を持ったためちゃくちゃに強い10代の力士がいるとする。しかし彼が大相撲の世界へ入っても、いきなり幕内・十両になることはできない。序ノ口、序二段、三段目、幕下と各段階を勝ち抜いて、やっと給料が発生する、つまりプロの関取である十両に昇進する。さらに十両で勝ち抜いて幕内へ上っても、三役・大関・横綱までは遥かなる道のりだ。

将棋の世界も然り。あの藤井聡太も奨励会というプロ養成機関で4年間揉まれてからプロになっている。

少年時代から「落語の天才」と呼ばれた春風亭小朝師匠も、弟子入りから真打昇進まで10年間を要している。36人抜きを果たして真打に抜擢された歴史的な落語家ですら、10年かかったのだ。

弟子入りを許された俺は、まずは楽屋入りを目指すことになった。師匠はマンション住まいなのだが、自分の部屋の隣にもう一部屋、稽古部屋を借りていた。俺はその部屋に通うことになった。

「毎日着るもんなんだから、自分で着られなきゃ駄目だよ。他の人が手伝ってくれやしないんだから」

一番最初に教わったのは着付けだ。いきなり噺を教えてもらえるわけがない。師匠の浴衣をお借りしたのだが、寸法が全く合わない。師匠は俺よりも背が20センチくらい低いんだから無理もないが、着付けの練習ならできる。

「じゃあ帯を締めてみなさい……あー、違う違う。前で結んでクルッと後ろに回すのは駄目。そりゃ素人のやること」

「え？　後ろでやるんですか？」

「そう。ここで貝の口を作って結ぶのが噺家です」

「えーマジっすか……」

「完成した形がたとえ同じでも、そういうことはやっちゃ駄目。粋じゃない」

んー。と、こうして、こうして、よ、あら、んー？　こっち？　あれ。全然できない。自分でも思った以上に不器用だったらしい。

着付けの練習を続けながら、次に教わったことは太鼓だった。寄席では各場面に応じた太鼓が鳴る。開場の合図に打たれるのが一番太鼓。これは「ドントコイ、ドントコイ（どんと来い）」という意味合いがある。

開演5分前を知らせる二番太鼓。そして終演時にはハネ太鼓だ。「デテケ、デテケ（出てけ）」と打って客を早く追い出し、やがて客の姿が見えなくなると太鼓の縁を「カラ、カラ、カラ（空）」と打ち、最後に太鼓の縁をバチでこするようにして「ギー」と音を出す。木戸の鍵を下ろす擬音を表現したもので、これにて興行終了ということになる。

マンションで太鼓は叩けないので、新聞紙丸めて輪ゴムで留めてバチ代わりにし、座布団を叩いて練習した。

「譜面とCDをあげるから、家でも練習しなさい」

師匠は実に丁寧に教えてくださったが、俺は家に帰って一人になると、思わず愚痴も出た。

（落語家って話す仕事なのによぉ。着付けとか太鼓とかなんなんだよ、めんどくせぇ……）

そんな風に不貞腐れることもあったが、腐ったところでどうにもならない。「じゃあ辞めろ」の一言で終わりだ。やるしかない。

師匠は地方公演が多かったため、東京にいないことが多かった。何か困ったことがあったら連絡しろ、と師匠から言われていたのは兄弟子の鯉橋兄さんだった。

鯉橋兄さんは後輩ができて嬉しかったはずだ。自分より下が入ってくれれば、師匠の身の回りの世話など、面倒なことをバトンタッチできる。だから兄弟子は後輩に対して、たいていは優しい。

「おまえ、タバコ吸うのか？」

「吸います」

「ベランダの窓開けて、ここで吸えばバレねぇから。あと、換気扇の下もセーフ」

「はい」

「じゃあ一服すっか」

鯉橋兄さんにも助けてもらいながら、着付けと着物の畳み方と太鼓の稽古。師匠に「まぁいいでしょう」と言われるまで半年近くかかってしまった。

付けまつげは取れやすい

着付けや太鼓の稽古に少し遅れて『新聞記事』という噺を一席教わった。うちの一門では、最初に習う噺はこれだと昔から決まっているらしい。一門によって最初に習うものは違っていて、たとえば柳家だったら室町後期の武将・太田道灌公を主人公にした『道灌』だったりする。

『新聞記事』は隠居と顔なじみの男による茶飲み話だ。隠居が「天ぷら屋の竹さん宅に押し入った盗賊の話を、顔なじみの男に話して聞かせる。

「悪いことはできないもので、5分たつかたたないうちにアゲられた（＝逮捕された）」といった具合に、駄洒落を連発していくという内容だ。

この『新聞記事』や『道灌』は、いわゆる前座噺とされている。短くてわかりやすいストーリーのため、入門者が口慣らしに最初に覚える噺だ。

しかし今思えば、この噺は決して簡単なものじゃない。男が二人しか出てこず、茶を飲んで喋っているだけなのだが、シンプルなだけに噺家の技量がはっきり出ると思う。もちろん今になってわかることで、この当時の俺はもう暗記するだけでいっぱいいっぱいになっていた。〝よろしく〟を〝夜露死苦〟と書くなど漢字には親しみを持って生きてきたが、なんせ全く勉強してこなかったため語彙力がないし、理解力も乏しかったからだ。だからこそ思わぬミスをした。

噺に入る前に「枕」というのがある。これは噺の本編に入る前の導入部分のこと。世間話や本題に関連する小噺なんかをして、お客さんにスムーズに世界観に入っていただくためのものだ。『新聞記事』だと、

「付け焼き刃は剝げやすいということを申しまして、ウのまねをするカラス、水におぼれるという例えがございまして。そんな塩梅じゃなんだね、八っつぁん。おまえ、新聞なんて読んだことがないだろう……」

という具合に、この枕を終えてから本編のストーリーに入っていくわけだ。

ある日の稽古風景。噺の稽古は、師匠と向かい合って付けていただくものだからすごく緊張していた。

「やってごらん」

「はい。お願いします!」

「うむ」

「付けまつげは取れやすいっていうことを申しまして」

「ん? もう一度はじめっから!」

「付けまつげ……」

「……俺、そんな風に教えてない。でも合ってる!」

「続けてやってごらん」

「付けま……付け焼き刀は剥げやすいということを申し……」

「駄目だ。小口直也君が出てる。瀧川鯉斗じゃないと。ずっと瀧川鯉斗でいなきゃ駄目なんだから」

「はい、すいません」

ＭＤに吹き込んでもらった師匠のお手本を何度も聞き、暇を見つけては自主練習に励んだが、たった15分の噺を覚えるのにずいぶん苦労した。着付けや太鼓と同じく、半年もかかってしまったのだ。

途中で何度もくじけそうになった。「もう辞めちまうか」と何度思ったかわからない。丈夫な体を資本にして暴走族で好き放題やってきて、まるで正反対の、頭が資本の落語の世界に飛び込んだ。人種も環境も何もかもが違う。力ずくでは何一つ解決できない。おまけに、とびきり不器用で馬鹿ときた。どうして「弟子にしてください」なんて言っちまったんだ。早まったな……そう何度も後悔した。

「完全に場違いだ……」

床に投げ出された帯を見つめて呟いたこともある。このまま続けたら1年後には師匠と同じ頭髪になってしまいそうだ、と本気で悩んだりもした。

なんでこんな世界に入っちまったんだ、明日、師匠に「辞めます」って言おう……寝付けない夜が何度もあった。

それでも翌日、嫌々ながらも稽古部屋に行くと、師匠が手取り足取り教えてくださった。忙しい合間を縫って、俺のための時間を作って、根気よく向き合ってくださった。そんな姿を目の当たりにするたびに「辞める」という言葉を飲み込んだ。きっと師匠は俺の揺れる胸の内をわかっていたはずだ。こいつ揺れてるな、と。だからこそ辞めてたまるか、と踏ん張ることができた。

師匠が地方出張で不在の時は、鯉橋兄さんが稽古をつけてくださった。「辞めんなよ、辞めんなよ」と言いながら太鼓を教えてくださった。

そして辞めようと思うたびに、心の中に浮かんだのは穂高さんのことだった。まるで父親のように面倒をみてくださった人を裏切ることはできない。暴走族の時だって、裏切りだけは絶対に許されないことだった。

そうなのだ。元暴走族という過去が消えない限り、逆にその頃の強みを生かしていくしかないのだ。不器用だけど、馬鹿だけど、根性だけは入れていこう。

夜光虫たちには、彼らなりの美学に基づいた掟があった。先輩への敬語、挨拶は絶対。時間厳守。

鯉昇師匠は遅刻をすごく嫌う。だからというのもあったが、俺は暴走族時代からの習慣で一度も遅刻をしなかった。

「おまえは絶対に遅刻をしないな。さすがは暴走族だ」

覚えは悪いけど、時間はかかっても、できることをひとつひとつ愚直に積み重ねていくしかない。そう言い聞かせて稽古を続けた。


こいも？


ところで、「瀧川鯉斗」という名前をいただいたのは、2004年11月のある日のこと。師匠がマイルドセブンの1ミリを吸いながら、稽古部屋に入ってきた。手にはメモ用紙が握られていた。何やら難しい顔をして、メモ帳を睨みつけている。

(ヤバい。俺、なんかやっちゃったかな。いや、悪さはしてねーんだけどな……)

俺がドキドキしていると、師匠がカッと目を見開いた。

「お前の名前を考えた。どっちがいい？」

そう言いながら、俺の目の前にメモ用紙を差し出した。

鯉茂
鯉斗

(ん？　なんだか変な名前だな。〝こいこい〟と〝といも〟？　変なの。まぁでもどっちか選べと言われちゃあ〝こいこい〟のほうだよなぁ。師匠の名前にも鯉が入ってるんだし、俺は弟子なんだし。鯉って字はかっこいいし)

俺は右上の鯉の字を指さして言った。

「これがいいです」

「おお、そうか。こいも、か！」

「こいも？」

「うーん、よかったよかった！　これ、うちのかみさんが付けたい名前だったんだよ。そうかぁ、こいものほうを選ぶとはなぁ！」

「こいも？」

「そうかそうか、うんうん」

「師匠、すいません。こいもって何ですか？」

「何ですかって、おまえの名前じゃねぇか。おまえが今、選んだばっかりだろう」

「いや、あの、こいこい……」

「こいこい？」

「はい。こいこいのほうがいいんすけど」

「……あ！　こいつ、日本語の読み方知らねぇのか！　いいか。日本語は縦に読むんだ！」

鯉茂

鯉斗

「右がこいも、左がこいと、だ！」

「あ、なるほど……じゃあ鯉斗で」

こいもは嫌だった。奥様には申し訳ないが、なんとも田舎臭くて俺の柄じゃない。鯉斗はかっこいい。『北斗の拳』の斗だし。

こうして俺にもうひとつの名前が授けられた。もう一人の自分……いや、もう一人じゃなくて俺なのだ。俺一人がふたつの名前を持っている？　いや、もう一人の自分なのか。とにかく小口直也は小口直也そのままに瀧川鯉斗になったのだ。なんとも不思議な気持ちだった。

しばらくすると、じんわりと喜びが湧き上がってきた。俺はいよいよ落語家になるんだ、とワクワクした。これから真打になるのに15年かかるなんてことは知る由もなく、この時の俺は無邪気に喜んでいた。

ちなみに２００５年１月。師匠の屋号が春風亭から瀧川に変わり、瀧川鯉昇となった。弟子の俺も自動的に春風亭鯉斗から瀧川鯉斗に変わった。もしも師匠が屋号を変えなかったら、俺は春風亭鯉斗という名で楽屋入りし、今も春風亭だったことになる。瀧に鯉という組み合わせが気に入っているから、師匠の改名は嬉しかった。

暴走族を引退した日の筆者

落花生を目で噛む

〝こいも〟になりかけた瀧川鯉斗。いよいよ前座としてスタート致します。目指すは遥か遠くに霞んで見える真打。

暴走族時代から一転、〝落花生を目で噛む〟修業時代の噺でございます。

楽屋入り

「着付けができる、着物を畳める、太鼓を一通り覚える、噺を一席覚える……まぁ他人様にご迷惑かけないレベルにはなったかな。そろそろいいだろう」

春風亭鯉斗から瀧川鯉斗に変わってから2カ月後の3月1日。21歳になったばかりの俺は、師匠からとうとう楽屋入りを許された。弟子入りしてから2年弱。長かった。長すぎた。

一日も早く楽屋入りしたくて、自分なりに頑張ってきた。それでもなかなか前座にしてもらえなかった。当時の落語界は、２０２１年現在と比べてしまうと明らかに低迷期だった。寄席の昼席にお客さんが10人いないことも珍しくなかった。出演者の総数よりもお客さんが少ないなんて状況だったのだ。落語家を志望する若者もおらず、前座の数も少なかった。だからいつでもポストは空いていたのだ。それでも俺はずっと見習いのままだった。

弟子をいつ楽屋に入れるかは、特に決まりはない。師匠それぞれの匙加減だ。ほとんど見習い期間はなしで、すぐに楽屋入りさせる場合もある。半年くらいの見習い期間を経て前座になる人も多い。ただ、2年は聞いたことがない。

半年もかかってしまったが、着付けも着物の畳み方も太鼓も落語一席も一通りは覚えた。それでも楽屋には入れてもらえず、そこからが長かった。師匠はきっと俺を試していたんだろう。本気で落語家になる気があるのか？　見習い期間で音を上げるようなら、真打までの長い道のりを耐えることなんてできるわけがないと。

たとえば兄弟子の鯉橋兄さんは、30代で弟子入りしている。社会経験を積んできて、人間として形成されているから、師匠もそのつもりで接したのだろう。鯉橋兄さんはもっと短い見習い期間で前座になっている。

片や、俺は高校を一日で中退し、暴走族を経て17歳で上京してきた。社会経験もクソもない、どうしようもない悪ガキ。師匠は心を鬼にして見極めてくださったに違いない。半端な人間を落語界へ送り込んではいけないという責任感もあっただろうし、俺が落語を辞めるのであれば傷が浅いうちに次の道を選ばせたいという親心もあっただろう。

昭和の落語家たちと比べると、平成の落語家たちは入門時期が遅い。大学の落研（落語研究会）出身だったり、鯉橋兄さんのように社会人を経てという人が多いのだ。俺のように中卒で10代で弟子入りするケースは滅多にない。

しかも師匠にとって、俺は6年ぶりの弟子だった。より慎重になったはずだし、もしかしたら何の手垢もついていない若者を、〝まっさら〟から育ててみたいというお気持ちもあったのかもしれない。

前座になることが決まり、俺は久しぶりに母へ電話をかけた。弟子入りを決めた時にも落語家の道へ進むことを伝えてはいなかった。楽屋入りが決まったら、スタートラインに立ったら伝えようと強く心に決めていたのだ。もしも弟子入りの時点で伝えていて、半年もたたないうちに「やっぱ辞めた」というオチになったら恥ずかしい、というのもあった。

「…………あ、俺だけど」

「うん」

「俺、噺家になるから。噺家っていってもわかんねーか。落語家のことね。落語家になるから」

「そうなんだ」

よくわかってない返事だなぁ。まぁしょうがない。

「……そんだけ。じゃ」

「うん」

俺は電話を切った。あっさりしたものだ。普通の母親だったら「落語家？　なにそれ？　あんた役者になるって言ってたでしょ。落語家って、どういうこと？」という感じのリアクションになるだろう。

母は何しろ、俺が暴走族を辞めてまっとうな社会人になったことが嬉しかったのだろう。もっとも落語家をまっとうな社会人と定義できるかどうかは微妙だが、とにかく俺が社会に迷惑をかけず、やりたいことや目標を持って進んでいることに、心底ホッとしたんだと思う。だから俺が「会社員になる」とか「調理師になる」とか言っても、おそらくは同じ反応だったに違いない。

後日。師匠の名古屋公演があり、俺はかばん持ちとして同行した。楽屋に挨拶に来た母が、師匠にペコペコ頭を下げて言った。

「すいません。うちの子がご迷惑をお掛けして……落語家にしていただくということで、本当にありがとうございます」

「お母さん。うちは更生施設じゃありません。なれるかどうかは本人の努力次第ですから」

熱烈な歓迎

新宿末廣亭で、俺の真打への道はスタートしたのだが、先輩となる前座の方々から歓迎された。

「よく来たな！」

「頑張ってね！」

当時、前座が明らかに不足していた。末廣亭には10人いなかった。業界ルールで前座が10人いれば、前座の最古参が二ツ目に昇格するのだ。だから先輩たちは後輩を熱烈歓迎するわけだ。

「鯉斗君で８人目か！」

「もうすぐ10人！」

「あと２人来たら、俺上がりだ！」

当時の落語界は完全に下火だった。末廣亭の昼席はお客が10人いれば御の字という状態。俺がもしも勉強ができて、業界の事情や景気なんてものの見通しが利く先見の明がある人間だったら、この業界は選んでいないだろう。下火も下火。悪い言い方だが、馬鹿だからこそ飛び込めたのだ。

もっとも、俺はそんな現実を目の前に突き付けられても「大丈夫かな、この業界……」なんて落語界の未来を憂うような頭はなかった。「一日でも早く一人前になりてぇ、真打になりてぇ！」としか思っていなかった。

前座の一日

さて。前座修業のはじめの一歩は楽屋での挨拶だ。前座のトップである立て前座について回って、師匠や先輩の兄さん方々ぉ一人ぉ一人に頭を下げる。

「今日から楽屋に入りますす鯉昇の弟子の鯉斗と申します。よろしくお願い致します」

実はこの挨拶というのが一筋縄ではいかない。俺が所属する落語芸術協会には、当時約100人ほどの師匠、先輩たちがいらっしゃった。一度ご挨拶をさせていただいた師匠に、もう一度ご挨拶するのはご法度。「こいつ、俺のこと覚えてねぇな」ということになり失礼に当たる。だから、一度で師匠たちの顔と名前を覚えないといけないのだ。

ところが毎日、次から次へと師匠、先輩がたが楽屋に現れる。もう誰が誰やらわからなくなってくる。ここで重宝したのが、その名も重宝帳だ。この帳面には落語芸術協会と落語協会に所属する噺家全員の名前が書いてある。入りたての前座には大変ありがたいアイテムなのだ。

俺はご挨拶をした師匠方の名前の横に、それぞれの特徴を書き込んでいった。

「ええっと、この師匠はつるっぱげ、と。で、こっちは……こっちもハゲだな。眼鏡でもかけてりゃ差別化できるのに……」

ハゲが多すぎて特徴にならないのだ。そこで俺はさらに踏み込んだ。◯◯師匠は後頭部ハゲ！　△△師匠はハゲてるけど右の毛を強引に左に持っていってるバーコードハゲ！　鏡の前で油性ペンで髪を増やしている□□師匠！　髪の毛よりひげのほうが多い◯◯師匠……。俺はどうにかご挨拶を乗り切った。

挨拶と同時にやるのが、前座の先輩の後をついて回り、師匠たちへのお茶の出し方を見て覚えること。

「おまえは何もやらなくていい、動きを見て覚えろ」

「はい」

熱いお茶が好きな師匠もいらっしゃれば、冷たいのが好きな師匠、ぬるめが好きな師匠、なかには熱いお茶と冷たいお茶の両方を所望される師匠もいる。これもまた重宝帳に好みを記入して覚えた。

高座返しも前座の仕事。一席終わり、次の演者が上がる前に舞台へ出ていって、座布団をひっくり返し、羽織を片付け、次の演者の〝めくり〟をかえす。この一連の動作を指す。めくりというのは、現在出演中の演者の名前を書いた紙の札のことだ。

簡単な作業のようだが、これが案外気を使う。袖から客席の出入りの様子を観察して、タイミングを見計らって出ていかなければならない。たとえば団体客が来たら、全員が着席するのを待たなければならない。

座布団の位置も同じではない。演者によって客席に近い位置がいいとか、少し後ろがいいとか好みがある。また座布団には、実は前と後ろがある。四隅のうち三隅には縫い目があるが、残りの縫い目のないほうが前だ。芸人とお客様が「ここでお会いしたのも何かのご縁、これからも縁の切れ目がないように」と、縫い目のない一辺をお客に向けるのが礼儀なのだ。

楽屋入りして１カ月は、これらのことを先輩前座について回って一通り覚え、ようやく見習い前座から正式な前座になる。それからは見習い期間で見聞きしてきたことを全部、実際に自分でやっていくことになる。

前座の仕事はまだまだある。お茶を出したら、すぐに出番が終わった師匠の着物を畳んだり、出番前の着付けを手伝ったり、まさに秒刻みだ。

着物の畳み方もただ畳めばいいってわけではない。一人一人の師匠たちが出番前に風呂敷を広げた時と同じ状態にしてお渡ししなければならない。

着物を畳むのにも慣れてくると、今度は太鼓番を任されることになる。一番太鼓、二番太鼓、終演時のハネ太鼓に加えて、師匠たちの出囃子を全部覚えて、うまく打たなければならない。出囃子というのは、いわばテーマ曲。プロレスの選手の入場テーマみたいなものだ。師匠一人一人の曲目が違うから、覚えるのも大変だ。

俺は音楽が好きだったから、太鼓番は喜んでやった。三味線のお姉さんに「太鼓上手いわね！」と褒められた時は嬉しかったが、当時は前座が少なかったから着物の片付けと太鼓番とを一人でこなさなければならないことが多く、息つく暇もなかった。

これらのことを滞りなく進めながら、寄席の時間配分を徹底的に身体に染み込ませ、かつ高座の噺をしっかり聴いて、覚え込ませていかなければならない。

一日の仕事が終わると、気疲れでヘトヘトになっていた。

前座に上がる前の2年に及ぶ見習い期間中、着付けや太鼓を師匠が厳しく教えてくださったおかげで、俺は最初からそこそこなすことができた。俺もいつか真打になって弟子をとるようになったら、師匠のように弟子に伝えていこうと思った。

開口一番

寄席には番組がある。番組というのは、誰がどの順番で出演するかを示した、いわばプログラムのことだ。大相撲でいう取組表。序ノ口から始まって、序二段、三段目、幕下、十両、幕内という順番になっている。

寄席における落語定席の番組は、最初に前座。次に二ツ目。それから色物（漫才、奇術、曲芸など）があり、仲入り（休憩）を挟んで、くいつき（休憩後のため、勢いのある芸を持つ人が選ばれる）、トリの前のひざがわり（トリを務める演者がやりやすい空気を作る役目。トリを立てるためにウケすぎても駄目）。最後にトリを務める主任。こんな構成だ。

つまり前座も高座に上がることができるわけだが、番組に名前が載ることはない。業界ではこの前座の出演を開口一番と呼ぶ。

今日の開口一番を誰がやるかは、立て前座がその日の気分で決める。

「鯉斗君。もう話って覚えたの？」

「はい。一席は覚えました」

「じゃあ今日、高座上がる？」

明らかに面白がっての御指名だ。

「え、いいんすか⁉」

俺は目を見開いた。

「うんうん、上がってよ」

「うわあ、緊張します！」

俺は楽屋でそわそわしたが、嬉しさが勝った。俺が高座に上がる！　ついについにこの時が来た！　師匠みたいに噺してやるぜ！　そう意気込んで袖から客席をチラリと覗いた。末廣亭の昼席はお客様が10人いるかいないか。大丈夫、いけるいける。

ネタは『新聞記事』だ。なんせこの一席しか覚えていないんだから、これをやるしかない。

いざ高座に上がると、途端に緊張した。体が石のようにガチガチに固まり、頭が一瞬真っ白になった。

「付けま……付け焼き刃は……ハゲヤスイッテコトヲmoushimashite……」

もう何を言っているのか、自分でもわけがわからなかった。暗記した文句を呪文のように唱え、とにかく何とかしてサゲ（オチ）まで辿り着きたい、と必死だった。喉がキュッとなって声が出てこない。取りあえずサゲまで行かなきゃ、行かなきゃ。

お客様の姿はまるで見えない。当然、視界には入っているのだが、それはまるで壁とか背景のようだった。笑っていただこうが、眠っておられようが関係ない。もっともクスリとも笑いは起きなかったが、俺はもう呪文を言い終るだけでテンパっていた。金属バットで殴られるほうがよほどラク。肩で息をするほどヘトヘトになった。

終わったあと師匠に報告した。

「すいません、途中忘れちゃいそうでした」

「そんときは〝できませんでした〟って、謝ってから降りてこい」

俺は改めて師匠を尊敬の眼差しで見上げた。やっぱり真打ってのはすごいんだなぁと素人みたいなことを思った。

こちとらガチじゃない！

楽屋入りした2005年1月。TBS系列で『タイガー&ドラゴン』という2時間単発スペシャルドラマが放映され、好評を受けて4月から連続ドラマ化された。長瀬智也演じる、ヤクザと落語家の二足の草鞋を履く主人公・山崎虎児。

「鯉斗君は、虎児そのものじゃないの。ドラマ観て落語の世界に入ったんだね。わかりやすいねぇ。ハハハ」

そんな風によく言われた。冗談じゃない。俺はドラマが始まる前に弟子入りしてんだよ！　俺のほうが先なんだ！　ドラマのほうが俺をモデルにしたんじゃねぇのかい！　なんて心の中で愚痴っていた。

のちに春風亭昇太師匠の独演会で前座で使っていただいた際にも、こんなことがあった。師匠はオープニングトークでこのドラマの件に触れた。そして俺を舞台上に呼び込み、

「あれ、おまえだよなぁ？」

「たしかにそうですね。まだモデル料はいただいておりませんけど」

なんてトークをしたことがあった。

ドラマに影響されて業界に入ってきたミーハー野郎、という捉えられ方は我慢ならなかったが、ドラマの成功はそれまで下火だった落語界にとっては、それはそれはありがたいものだった。オンエア以降、末廣亭は日に日にお客が増えていったのだ。しかし当時の俺は、落語界が盛り上がってくれたら嬉しい、なんて素直な気持ちで観ることはできなかった。

「こんな甘いもんじゃねぇんだよ！　立ち上がれないくらいヘトヘトになんだよ！　こちとらガチじゃい！」

なんてブツブツ言いながら毎回欠かさず観ていたものだ。

落花生を目で噛め

上京したての頃は中野駅前のぼろアパートに住んでいたのだが、赤レンガで働くようになってからは、穂高さんのご厚意でビルの上に住まわせてもらうようになった。そして楽屋入りの直前には、新宿三丁目に移り住んだ。

赤レンガのビルから同じ新宿内で引っ越しをしたのは、バイトで少しお金が貯まったし、何より職場である末廣亭に少しでも近い場所が良かったからだ。

とはいえ家賃は3万円で、相変わらずの風呂なしぼろアパート。風呂もなければ鍵もない。玄関の扉には無理矢理に蝶番がくっつけてあり、南京錠の仕様だった。近くの銭湯に行けない時は、大きな桶の中に屈み、頭からホースで水を浴びた。エアコンなんかも当然ないから、赤レンガで扇風機のお古をもらってきていた。

生活を切り詰めなければいけないのにはわけがあった。俺の所属する落語芸術協会の規則で、前座はバイト禁止なのだ。その代わり、協会から一日1000円が支給される。つまり月に3万。これに師匠のかばん持ちをして「ご苦労さん」とお小遣いをいただく。

はっきり言って生活できない。実家暮らしならまだしも、一人暮らしなら無理だ。だから「師匠には言うなよ」と隠れてトラックを運転している先輩前座もいた。

バイトはするな、金は出せん。一体どうやって生きていくのか。実はこれも修業のうちらしい。たとえば談志師匠なんかだと、ものすごい数のお旦、相撲でいうタニマチ、つまりスポンサーがたくさんいらっしゃった。金がない弟子たちはそこを頼るわけだ。談志師匠の小噺のひとつも携えて居酒屋や小料理屋に行けばタダ飯にありつけるから飢え死にせずに済む。俺も鯉昇師匠の弟子ということで、師匠のツケで焼き鳥屋によく行ったものだ。

要するに世間様にかわいがっていただく力を身に着ける修業なのだ。落語家は人柄と巧みな話術で、いかに人様に好かれ、笑っていただき、かわいがっていただくかという仕事だ。だからそれを前座のうちから鍛えなさいということだと思う。

俺も赤レンガのみなさんに〝かわいがっていただいて〟、前座になってからもしばらくは、朝のモップ掛けをさせてもらっていた。

落語家というのは人の懐に入るのが抜群にうまく、かわいがってもらう天才だ。俺は暴走族という狂気の世界から落語界へ入り、正直言って自分がどうなってしまうのか不安を抱いていた。腕力が通用した世界から、まるで正反対の世界へ飛び込み、もしむかつくことがあったら、以前の俺が目を覚ましてしまうのではないかと。もちろん俺は絶対に何があっても、どれだけ腹が立つことがあっても堪えなくちゃいけないと心掛けてきた。

しかしそれ以前に、落語界へ入ったら「この野郎！」と思うような人間がいないのだ。腹の中はどうか知らないが、少なくとも面と向かって人を不快な気持ちにさせる人間が、落語界にはいない。人様にかわいがられるプロは伊達じゃないのだ。

鯉昇師匠がよくおっしゃっていた。

「落語の世界の返事は〝はい〟だけだ。〝いいえ〟とか〝嫌です〟とか〝無理です〟はねぇ。そこへいくとおまえは、それはよくできてる。おまえのデケェ声の〝はい〟

はなかなか気持ちがいい」

「はい！　ありがとうございます」

「いいかい。〃落花生を目で噛め〃と言われたら〃はい〃と返事をするんだ。で、目に落花生を近づけてパチパチ瞬きする。それから〃やっぱりできませんでした〃と続ける。こうすればかわいがってもらえるからな」

「はい！」

何があっても笑ってろ！

前座になって半年ほどした頃。末廣亭に三遊亭小遊三師匠がいらっしゃった。

（わぁ、笑点の人だぁ）

俺は一瞬、素人さんのようなミーハーな気持ちになったが、すぐに気を引き締めた。同じ業界の先輩後輩なんだ。初めてお会いする師匠には必ずご挨拶しなければならない。俺は気合を入れて腹から声を出した。

「ご苦労様ですっ!!!」

師匠は驚いたようにバッと振り向いて、

「このやろう。うるせえんだ、ばか。聞こえるように言やいいんだ、ばかやろう」

「……すいません」

末廣亭は楽屋と客席の距離が近い。きっと俺のデカい声は客席にも聞こえただろう。

師匠が叱るのももっともだった。

「でっけえな」

「……はい？」

「おまえ足、いくつだ」

「28です。でもスニーカーはちょっとでかめの29履いてます」

「おめえみてぇのを、馬鹿の大足っていうんだ」

「はあ？」

「はあって言うな」

「すいません」

師匠は俺をいじってきた。噂が耳に入っていたのかもしれない。

昔、族の頭張ってたやつが入ってきたぞ。とんでもねえやつが入ってきたぞ。俺が楽屋入りした時、どうやらそんな噂が落語界に広まっていたようなのだ。

「暴走族の元総長が落語家に⁉」なんてテーマで、NHKの『首都圏ネットワーク』なんかで取り上げてもらっていたから、きっと師匠も「どんな野郎だ？」と興味があったのかもしれない。

そもそも師匠は高校時代に卓球部のキャプテンを務め、大学でも卓球に打ち込んできた超体育会系の方。大人しい若手が多い中、威勢のいい若者が気になったのかもしれない。初対面から何かと気にかけてくださるようになった。

ある日。寄席の楽屋で小遊三師匠に「今度の9月の中席、名古屋の大須演芸場に来るか？　おまえの地元だろ？」とお誘いいただいた。光栄ではあるが、前座になって半年経つか経たないかのド の付く新人を連れていくなんて異例中の異例だ。

その後、うちの師匠と小遊三師匠との間でもこんなやりとりがあったらしい。

「鯉斗、借りるから。あいつ名古屋が地元なんでしょ」

「とんでもないです。まだ何もできませんし、あいつはしくじりますから！　ご迷惑かけちゃうだけですから！」

「だろうな。承知だ。借りるぜ」

「わかりました。よろしくお願いいたします」

小遊三師匠の粋な抜擢には驚いたが、うちの師匠もまたかっこいいと思った。弟子が自分以外の師匠になつくのを嫉妬したり、よく思わない師匠は少なくない。打ち上げの席なんかで「他のやつはいいから、俺だけに気を使え」と弟子を独占したがる師匠もいる。うちの師匠だって、なんだかんだ理由をつけて、小遊三師匠の頼みを断ることはいくらでもできたはずだ。でも違った。

「行ってこい。勉強になるから。ただご迷惑はおかけしないように」

と快く送り出してくださった。

俺は張り切っていた。小遊三師匠のかばん持ちで、しかも地元へ行けるのだ。さながら凱旋のような気持ちさえあった。

小遊三師匠がホームから新幹線に乗り込もうとした時、俺は両手を大きく広げて「師匠！　どうぞ！」と誘導した。他のお客様は俺の手に遮られる形になっていた。今思い返すと、とんでもなく失礼なことをしたと思う。案の定、小遊三師匠は俺を叱った。

「ばかやろう！　芸人はな、先にお客様を乗せてから、一番最後に乗るんだ！」

「すいません！」

「謝る相手が違う！」

「すいませんでした！」

小遊三師匠は、俺からまだ暴走族時代の心持ちが完全には抜けきっていないことを見抜いていた。

「おい」

「はい」

「おまえ、人を殺すような目してんな」

「……」

「芸人はな、常にニコニコ笑ってなきゃ駄目なんだよ！　何があっても笑ってろ！」

俺はその日以降、気が付けば頬を緩ませて微笑む練習をするようになった。

「夜這いは楽しい」

叱られてもめげない。俺は胸躍らせて、久しぶりの郷里の地を踏んだ。が、一歩大須演芸場に足を踏み入れたら、感慨に浸っている暇はなかった。前座が俺一人だったため、すべての雑用をこなさなければならなかったのだ。

一人で師匠たちにお茶を出し、着物を畳み、高座返しもやり、根多帳も付けなければならなかった。

根多帳というのは、その日に誰がどんな落語をやったのかを記録する帳面のことだ。この帳面をみれば、ネタ被りを防ぐことができるわけだ。

通常、立て前座が筆と墨で書くものなのだが、なんせ前座は俺しかいないからやるしかなかった。

立て前座なら師匠たちがどんな噺をしたかがすぐにわかるから、演目（噺のタイトル）をさっとしたためることができる。俺にはまだ知識がないから、さっぱりわからなかった。

小遊三師匠はその日、高座に『引っ越しの夢』という噺をかけた。元は『口入屋』という上方落語の大根多で、江戸落語でも『引っ越しの夢』として演じられている名作だ。

とある大店に、絶世の美女が女中奉公にやってくる。店の若い衆たちは大騒ぎ。その夜、案の定動きがあった。みなが寝静まったのを待っていたように、二番番頭が下女部屋に忍び込もうと試みる。こうなることを予想していたおかみさんは、事前に梯子を二階へ引き上げていた。

二番番頭はそれでも諦めない。膳棚を梯子代わりにしようと試みるが、棚が崩れ落ちてしまい、棚を肩で支える羽目になってしまう。

そんなことはつゆ知らず、一番番頭が抜き足差し足でやってくる。梯子がないことを確認すると、一番番頭と同じく膳棚に足をかける。案の定崩れ落ちて、彼もまた棚を支える羽目に。

今度は手代がやってきた。梯子がないため、天窓のひもをよじ登ろうとするが切れてしまい、井戸へ落ちてしまう。

何の騒ぎだい、とおかみさんが現れる。二人の番頭は棚を担いだまま狸寝入りをする。

「おまえたち、なにをやってるんだい？」

「引っ越しの夢をみておりました」

……という噺だ。当時の俺はこの噺自体を知らないから、根多帳に演目を記入できるはずがない。春風亭柏枝師匠（現・春風亭柳橋）に助け舟を求めた。

「師匠、すいません。このネタ、なんですかね？」

柏枝師匠が、こんなのもわからねぇのかよ、という感じでニヤニヤしながら言った。

「鯉斗、このネタ知りてぇか？」

「はい。マジでわかんないっすね」

「これはな『夜這いは楽しい』っていうんだ」

「あー、なるほど。ありがとうございます」

たしかに、その通りのタイトルだなぁ。俺は（夜這いは楽しい　小遊三）と筆を走らせた。

このあと、根多帳を確認した小遊三師匠に叱られたのは言うまでもない。

「ばかやろう、おまえ！　これは『引っ越しの夢』ってんだよ！　まぁたしかに……夜這いは楽しいだろうから間違っちゃいねぇんだけどよぉ」

夜うるさくてすいませんでした

小遊三師匠のお供で名古屋へ行く旨を、地元の仲間や後輩たちに事前に伝えていた。

「マジっすか、総長！」

「うん。もう総長じゃねぇけどな」

「みんなにも伝えておきますんで！　みんなで行きますんで、総長！」

「お、おう」

嬉しかったが一抹の不安を覚えた俺は公演当日、エントランスでもぎりの方の横に立ち、駐車場の様子を見ていた。

ブオロオロッロオオロロオ！　ブオンオンオンオンーーーーーーーン！

姿が見えないのに、排気音で近づいてくるのがわかる。案の定、やつらはバイクの大群で駐車場へ押し寄せてきた。

中にはチケット販売担当者に電話してくるやつもいた。

「あのう俺、総長の後輩なんすけど、スピード違反で捕まっちゃったんで、始めるの、ちょっと待ってもらっていいっすか！　ほんと申し訳ないっす！　総長にもよろしくお伝えください！」

もうめちゃくちゃだ。小遊三師匠は屈指の人気者だから地方公演はソールドアウトが当たり前なのだが、この日も完売だった。もぎりの人が、スピード違反で遅れて駆けつけたやつに言った。

「もう立ち見になりますよ！」

「スタンダップＯＫっす！」

この日は芸協の方がもぎりをされていたのだが、思わず吹き出して俺に言った。

「おまえの友達、いいね」

オール自由席のため、開場時間よりもずっと前に駆けつけていた仲間たちは、最前列に陣取っていた。

俺が前座として舞台へ出ていくと、ドスの利いた声が会場を包んだ。

「総長～！　総長っ！」

「おー！　直也～！　応援してっぞ！　直也～！」

俺は高座に上がり、枕を始めた。本題の噺へスムーズに入るための小噺だ。ここで軽く笑いを取れれば、客の気持ちを掴める。

「え～。あの頃は、夜うるさくてすいませんでした」

爆笑だった。仲間たちはもちろん、俺が元総長であることを知っているお客様が多かったのだ。

一席終えて袖に下がると、小遊三師匠に呼び止められた。

「おい。おまえが出てったら黄色い声援が聞こえると思ったらよ、どす黒い声が響いてくるじゃねぇか。なんだよ、ありゃあ？」

「実は昔の友達とか後輩たちが来てくれてまして……」

「へへっ。そうかそうか。ありがてぇじゃねぇか」

小遊三師匠が颯爽と出ていった。俺は袖に留まり、客席の様子を見守ることにした。

やつらが変な真似をしないか心配だったのだ。

師匠が枕、そして噺へ入っていくと、やつらは前のめりになって真剣な表情で聴き入っていた。わからねぇなぁと首をひねったり、わかってるのか怪しいがうんうんと頷きながら、集中している様子だ。

すると、

「ちょっと、はばかり行ってくらぁ……」

師匠はそこで一旦、噺を止めた。そして最前列で顎を突き出して見ている俺の後輩に向かって言った。

「おまえ、はばかりってわかるか?」

後輩は首を横に振った。

「はばかり、今で言うトイレのことだ。わかったな」

そう言うと、再び噺に戻った。途中で流れを切って、わざわざ説明を入れたのだ。流れを切ることで客は一瞬、現実世界へ引き戻されてしまう。会場は俺の仲間たちだけではなく、他の一般のお客様もたくさんいらっしゃっているのだ。かなりリスクの高いことをやったわけだが、師匠はそんな中断さえも笑いに変え、さっと噺へ戻り、また古典の世界観へ聞き手を引き戻していった。そして最後には万雷の拍手を浴びたのだ。

俺は袖で震えた。

公演が終わり、俺の楽屋にはたくさんの仲間たちが来てくれた。

「いや、直也、頑張ってたな」

「すげー世界に入ったな。俺にはムリだ」

「総長、かっこよかったす！」

俺は素直に嬉しかった。

「おう、おまえら今日はありがとな。真打になって凱旋するからよ。そん時は、もうバイクでは来るなよ！」

暴走族当時、お世話になった警察の方々も来てくださっていた。

「直也。おまえ更生したんだな」

「この調子で頑張れよ。小遊三さんみたいになれたらいいな」

俺は心から御礼を言った。

「ありがとうございます！　精進いたします！」

二ツ目昇進直後の筆者

重石

落語の世界に馴染む前座時代を終え、ひたすら芸を磨く二ツ目時代へ突入でございます。

厳しく長い修業期間の中で、腐り、落ち込み、怒りがこみ上げ、何度も辞めたくなるんでございますが、爆発を抑える重石のおかげでなんとか耐え抜く。遥か先に霞んでいた真打、その輪郭がみえて参りました。

高座返し

楽屋入りから2年弱。立て前座になるかならないかの頃、かわいがっていただいている先輩の一人、五明樓玉の輔師匠から電話をいただいた。

「おまえ、大銀座落語祭の前座、ちょっとやるか?」

大銀座落語祭は春風亭小朝師匠を中心とした当代きっての人気落語家グループがプロデュースする催しだった。

東西から100人を超える落語家が集結し、銀座の中の6地点で落語会を開催するという落語界初ともいえる大祭典。2004年から始まり、毎年開かれてきた超大型プロジェクトだ。

「どうする?」

「はい、やります!」

即答だった。

当日。会場となる銀座ブロッサムを訪れると玉の輔師匠にこっちこっち、と手招きされた。

「おまえ、うちの師匠に挨拶したことあるか？」

「いや、ないです」

「じゃ、来い」

コンコン。

「失礼します。玉の輔です。鯉斗をお連れしました」

「どうぞー」

「鯉昇の弟子の鯉斗でございます。よろしくお願いいたします」

「よろしくね、よろしくね」

（おお、この方が生の小朝師匠かぁ。やっぱ雰囲気あるなぁ）

なんとか前座で高座を務めさせていただき、俺は小朝師匠の身の回りのお世話や雑用に戻った。次はいよいよトリの小朝師匠。さっと舞台へ出ていき、高座返しをした。もう慣れたものだ。袖に戻ると、なぜか怖い顔をした玉の輔師匠が俺を呼び止めた。

「おい」

「はい？」

「芸協だな、やっぱおまえは」

「え？　なんですか？」

「浴衣で高座返しすんな」

「え？」

「今度から着物でやってくれよ」

「……はい。わかりました。すいません」

俺は何が何やらわけがわからなかったが、前座の返事は〝はい〟のみだ。

どういうことか。説明が長くなるがご容赦を。落語界は俺が所属する落語芸術協会（芸協）以外に、落語協会、円楽一門会、落語立川流、そして関西の上方落語協会がある。

落語芸術協会は夏場、浴衣を着て高座返しすることは問題ない。しかし落語協会では、着物を着て高座返ししなくちゃいけない、というルールがあるのだ。当時の俺は、それを知らなかった。だから玉の輔師匠に「芸協だな、やっぱおまえは」と注意されたのだ。

ちなみに、都内の4カ所の寄席のうち3カ所（浅草・浅草演芸ホール、池袋・池袋演芸場、新宿・新宿末廣亭）は、落語協会と落語芸術協会に加盟している噺家さんしか出演することができない。原則として円楽一門会、落語立川流は（関西は別として）、この3カ所の寄席に出演することができないのだ。

さらに都内のもう一つの寄席・上野の鈴本演芸場は、落語協会に加盟の噺家のみが出演でき、俺の所属する芸協も上がることができないという縛りがある。

なんともややこしいが、これは1978年に勃発した落語協会分裂騒動に端を発する。乱暴にまとめると、要するに団体が割れて揉めたから、いろいろ面倒なルールや縛りができた、ということ。俺が生まれるずっと前に起きた揉め事の余波が、25年以上も続いてきたというわけだ。

この憂うべき状況に立ち上がったのが、小朝師匠だった。2003年。協会間の壁をなくそうと小朝師匠が立ち上がり、『六人の会』が結成された。メンバーは、春風亭小朝（落語協会）、笑福亭鶴瓶（上方落語協会）、林家正蔵（落語協会）、柳家花緑（落語協会）、春風亭昇太（落語芸術協会）、立川志の輔（立川流）という屈指の人気落語家たちだった。

２００３年から２００８年にかけて挙行された大銀座落語祭は、そういう経緯を経て協会や流派の垣根を越えた噺家が一同に集まる祭典だったのだ。

落語協会に所属する小朝師匠が、芸協に所属する俺を誘ってくださったのも、そういう意味合いもあったわけだが、こういった大人の事情を知ったのは、のちのこと。この当時の俺は何も知らなかった。知らなかったからこそ、浴衣で高座返しをしたわけだ。

何も知らない俺は、ある意味怖いものなしだった。

「小朝師匠。先ほどは高座返し、すみませんでした」

「うんうん」

「ちょっとお聞きしたいことがありまして」

「なぁに？」

「鈴本演芸場、どうして芸協は出られないんですか？」

「それは昔の人に聞いてくれる？　鯉斗君」

大銀座落語祭のあと、師匠は俺のことを地方の独演会にもかばん持ちとして誘ってくださった。前座の俺に落語界のトップが二度もお声を掛けてくださった。こんなことは滅多にあることじゃない。師匠のお供ができるのはこれが最後だと思った俺は楽屋で師匠にお願いした。

「師匠の高座、録音させていただいていいですか？」

最高の教材を逃す手はなかった。

「しなくていいよ」

「え……」

「君はこれからまた来るんだから、録音する必要ないから」

100万円

2009年4月。楽屋入りから4年。赤レンガの穂高さん、鯉昇師匠、小遊三師匠、小朝師匠。みなさんに厳しくもかわいがっていただき、俺はとうとう二ツ目に昇進することになった。

二ツ目とは、寄席の番組で二番目に高座へ上がることに由来するらしい。一番目に上がる前座と二番目に上がる二ツ目は、見える景色が全く異なってくる。違う世界の住人になるといっていいほど違う。

二ツ目になると、楽屋での雑用がなくなる。師匠方にお茶を出すことも、着物を畳むことも、高座返しも、根多帳をつけることも、太鼓を叩くこともなくなるのだ。

身に着けるものも変わる。前座は着流しなのだが、二ツ目からは紋付に羽織袴が許される。もう見た目は真打と変わらない。

明らかなランクアップなのだが、いいことばかりではなく、よりシビアな現実が待っている。前座だと協会から一日1000円が支給されるが、二ツ目はもうもらえない。自分で稼ぎなさい、という完全歩合制だ。

席亭（寄席の経営者）と演者である真打側が売り上げを折半する。その折半分を真打側で分けるのだが、二ツ目はそこに仲間入りするわけだ。

金を稼ぐためには、寄席に呼ばれたり、真打たちに落語会や独演会に呼ばれて出演しなければならない。お呼びがかからなければ、自分でお蕎麦屋さんなどに行って「落語会をやらせてください」と交渉して自主興行を打たなければならない。もちろん集客できなければアウトだ。つまり、自分の責任と裁量で仕事を見つけるなり、生み出すなりしなければならない。

つまり、二ツ目は師匠方にかわいがってもらったり、お旦（スポンサー）に支えてもらったうえで、お客さんを集めるだけの魅力を備えていかなければならない。

どんな職種であれ〝その道で食べていくことができる〟ことをプロと定義するのであれば、二ツ目はプロになるということだ。だから古より落語家社会の中で、二ツ目は一人前とみなされる。

大相撲でいえば、幕下以下（幕下、三段目、序二段、序ノ口）は力士養成員と呼ばれ、給料が出ない。その代わり協会から養成費が支給される。落語界でいう前座と同じだ。

十両に上がると〝関取〟と呼ばれ、お給料が発生する。だから二ツ目というのは、大相撲でいう十両に相当するのかもしれない。真打は幕内であり、人気落語家たちは関脇、小結。超売れっ子は大関。歴史に名を残すような名人級は横綱。そんな感じだろう。

俺はプロになったのであり、よりシビアな現実にいよいよ足を踏み入れたことになったわけだ。

協会から昇進の報を受け、師匠は俺を恵比寿の呉服屋へ連れて行ってくださった。昇進のお披露目の際の黒紋付、そして羽織袴をあつらえるためだ。

黒紋付、羽織袴、着物。全部でざっと80万円。これに加えて、落語家の名刺代わりである手ぬぐいを５００ほど作ったりなんだりで、総額１００万円也。

「１００万……うわぁ、ＣＢＸのフルカスタムが買える額だ……」

俺はため息とともに、思わず独り言を言った。

「ん？　なんか言ったか？　ＣＢなんちゃらって、なんだ？」

「あ、すいません。ホンダのバイクのことです。なんせ、バイクより高い買い物するの初めてなんで……」

「あぁ、たしかに安い買いもんじゃねぇなぁ。でもな。これはもう生涯使えるから。おまえが真打に昇進した時のお披露目だって、弟弟子が真打に昇進した時に司会やる時だって、ずっと使える一生もんだからよ」

「はい」

「これならどこへ着ていっても恥はかかねぇ。そんな一着を作っておくもんだ」

「はい」

俺は前座になってからも、禁を破ってバイトを続けてきた。朝、寄席へ仕事に出る前に赤レンガのモップ掛けをしてきたのだ。

「二ツ目に上がる時、黒紋付、羽織袴、何かと金がかかるからよ。少しでも足しになるから」

穂高さんは俺のバイト代をすべて、この日のために貯めておいてくださっていた。この人には一生頭が上がらない。

噺家あるある

二ツ目昇進のお披露目は新宿末廣亭、浅草演芸ホール、池袋演芸場、お江戸上野広小路亭、国立演芸場の順で10日間ずつ回る。

浅草演芸ホールでのお披露目の際、春風亭柳太郎兄さんが楽屋でふと話しかけてきた。

「おまえ、ちゃんとした雪駄持ってんのか?」

「いや、ちゃんとしたものは持ってないです」

前座とて雪駄は履くのだが、すぐに駄目になるような安物だ。

「二ツ目になったら良い雪駄を履かなきゃ駄目だ。ちょっと付いてこい」

仲見世のほうへ連れていっていただき、5万円もするような立派な雪駄を買ってくださった。

黒紋付、羽織袴、そして兄さんがお祝いにくださった雪駄。もういっぱしの格好でもって昇進のお披露目をして回る。

前座の次、二番目に高座へ上がるからという呼び名の由来を持つ二ツ目だが、お披露目の際は例外だ。前座の次の次の次くらい、ちょうど若手真打ぐらいの、ちょっと深いところに上がらせていただく。

「寿、二ツ目昇進、瀧川鯉斗！」

なんて調子で袖から出ていくのだ。前座時代は誰かのうしろに高座に上がることがないもんだから、たいそう戸惑った。

しかも楽屋の兄さんたちが「お前の披露目なんだから長くやれ！」と言ってくださり、20分も頂くことになった俺は、小遊三師匠に習った『天災』をかけた。

気が短い八五郎。今日も女房と喧嘩をし、その足で大家のもとへ転がり込み、愚痴をこぼす。大家は短気な性格を憂い、心学の先生をしている紅羅坊奈丸（べにらぼうなまる）のもとへ行くように諭す。

奈丸は格言を用い、八五郎を諌めた。

「短気は損気」

「堪忍のなる堪忍は誰もする、ならぬ堪忍、するが堪忍。堪忍の袋を常に掛け通し、破れたら縫え、破れたら縫え」

ありがたい格言も八五郎には響かない。奈丸はたとえ話を持ち出した。

「店の前を歩いていると小僧さんに水を引っ掛けられたらどうします？」

「張り倒してやる」

「屋根瓦が落ち、あなたの頭に当たった。どうなさる？」

「その家に殴り込む」

「そこが空き家なら？」

「誰か越してくるまで待ってる」

「では急に雨が降ってきたらどうします？　天に向かって怒鳴りますか？」

「いや、さすがに天とは喧嘩できねぇ」

「そうでしょう。小僧さんではなく天から水を掛けられたと思えば怒らない。天から来た災い、これ即ち天災でございます。何事も天災と思えば、怒らないで済むのです」

「さすが心学の先生だ、うまいことというな」

納得した八五郎が家に帰ると、隣の家が騒がしい。どうやら熊さんがお気に入りの植木鉢を近所の子供に割られ、怒り狂っているという。

騒ぎを収めるため、八五郎は熊さんのもとへ向かった。

「お見受けしたところ、あなたはタヌキだ」

「頭陀袋は破れたら縫え、破れたら縫え」

八五郎は奈丸の猿真似をする。

「子供に植木鉢を壊されたと思うから腹が立つ。お天道様が壊したと思いねぇ。これ即ち天災（テンサイ）だ」

「いや、俺んところじゃ盆栽（ボンサイ）の間違いだ」


俺は懸命に噺をした。前座の頃はお客さんは弁当を食べながらだったり、欠伸をしてウトウトしていたりしたものだが、このお披露目の時はみなさん、真剣に聴いてくださっていた。初めて俺の噺を耳にする方々は「今度の新人はどんなものか？」という風に、前座時代の俺をご存じの方々は「どれだけ成長したかみせてもらおうか」という具合に。

二ツ目になって途端にプレッシャーを感じたという先輩方の経験談をよく耳にしたが、俺は嬉しくて仕方なかった。品定めされているのはひしひしと感じたが、昇進の嬉しさが何よりも勝った。

とはいえ、やはり緊張していたのだろう。噺を終え、自分で座布団をひっくり返して戻ってしまった。4年間で染みついた癖が出てしまったのだ。

もっともこの失敗は俺だけではなく、「俺もやったよ」という先輩方の多い〝噺家あるある〟というやつだが。

鯉斗deあそぼ！

協会からの支給もなくなり、二ツ目は自分で道を切り拓いていかなければならない。

寄席で二ツ目の出番は昼の部に一本、夜の部に一本の計二本しかない。

「二ツ目はお旦がいないと苦しいよ」という言葉も耳にタコができるほど先輩方から

聞いてきた。

もう楽屋には来なくていい、と突然荒野に放り出されたような感覚。二ツ目たちはお旦を頼ったり、師匠の贔屓のお蕎麦屋さんに交渉して小さな落語会を打ったりなんかして、こつこつ修業の道を歩んでいく。

俺が頼ったのは穂高さんだった。新宿の赤レンガを畳んだ穂高さんは、新たに中野坂上で『ラティーナ　ラティーノ』というレストランをやっていた。俺が楽屋入りして間もなく、穂高さんの息子で料理長を務めていたアキヒトさんが病気で亡くなってしまったのだ。穂高さんは店を閉め、心機一転、中野で再スタートを切っていたのだった。

俺はこの店で月に1回、『鯉斗ｄｅあそぼ！』という勉強会を開かせてもらった。集客力のない二ツ目になりたての俺を助けてやろうと、兄弟子や世代の近い仲間たちが駆けつけてくれた。それこそ入門したての頃に「辞めるなよ」と励ましながら太鼓の稽古をつけてくれた鯉橋兄さんだったり、林家たけ平兄さん、前座時代の先輩である三笑亭夢丸兄さん、ほぼ同期の春風亭一左君なんかには本当に世話になった。俺が

2席、彼らゲストが1席花を添えてくれた。

「おまえ、まだまだネタ数足りないんだろ。じゃあ月に2席、ネタ下ろししていけ」

「2席っすか……」

通常は月に1席だ。月に2席というのは相当なスパルタだ。

「やれよ。一年で24本下ろせるんだぞ」

恩人に逆らえるわけがない。

「……はい。頑張ります」

席亭である穂高さんとの約束で、２００９年5月から2年間続けた。めちゃくちゃにしんどかった。後述するが、小朝師匠のお供で全国を回りながらだったため、時には睡眠時間を削ってネタを頭に叩き込んだ。

テクニックうんぬんではなく、とにかくネタを一本でも覚えることに必死だった。覚えては高座にかけ、しくじって反省し、また覚えては高座にかける。その繰り返しだ。勉強会というよりも道場という感覚。『鯉斗ｄｅあそぼ！』なんてかわいらしいネーミングにしたが、毎回汗だくだった。

前座時代は落語界というものに慣れるのに必死だったが、二ツ目になって落語そのものに向き合い始めたのかもしれない。

凍り付く

先述の通り、二ツ目が食っていくのは厳しい。お旦を頼ったり、師匠筋のお店に頼み込んで落語会をやらせてもらったり、みんな必死だ。

俺はすごく恵まれていたほうだと思う。師匠方に目をかけていただいたのだ。特に小遊三師匠、小朝師匠のお二方には殊の外かわいがっていただいた。

たとえば小遊三師匠はよく独演会で俺を使ってくださった。独演会というのは少人数で開催されるもの。メインを務める師匠の他に、色物さん（漫才、奇術など）が1組と開口一番（トップバッター）を務める二ツ目の落語家が1人というシンプルな構成だ。そこに俺をあてがってくださった。

小朝師匠に至ってはまるで直弟子のようにかばん持ちを務めさせていただいた。

大げさではなく本当に日本全国を回った。小朝師匠はちょっと普通の噺家とスケールが違う。北海道公演だったら3週間泊まり込みで全道各地を巡り、今度は九州へ乗り込んで、そこでも数週間泊まって全部回る。売れっ子の落語家でも日帰りか、せいぜい一泊二泊。小朝師匠は桁違いだった。

独演会なんかも規模がすごかった。よく人気アーティストがライブをやる埼玉県の大宮ソニックシティを昼夜満席にしていた。愛知県に行けば、大相撲名古屋場所の開催会場である愛知県体育館を昼夜一人で満席にしてしまう。俺は空いた口が塞がらなかった。

そんな全国行脚の中、俺はある日のある高座でひとつの勝負に出た。大きな会場で客席は超満員。そこで俺はネタ下ろしをしたのだ。

ネタ下ろしというのは、覚えたネタを初めてお客様の前で披露するということ。普通は勉強会、自分自身で言えば『鯉斗deあそぼ!』でかけるものだ。常連のお客様の反応を見て、お叱りを受けて、ブラッシュアップした上で、徐々に自分のものにしていく。

俺はそれを小朝師匠の超満員の独演会で試みた。はっきり言って無茶だ。いや無茶なんてもんじゃない。狂っている。それでも俺はどうしてもやってみたかった。大きな会場で、超満員の中でネタ下ろしをしたらどうなるんだろう。こんな機会は一生に一回しかない。どうしても実験してみたかった。あわよくば成功させ、大笑いと万雷の拍手を浴びたかったのだ。

結果、ダダ滑りだった。

楽屋へ戻ると、それまで誰かとにこやかにしゃべっていた小朝師匠が、途端に口を一切開かなくなった。

俺は瞬間冷凍された。

今、何時(なんどき)でい？

師匠方にお供をすると、いろんな事件が起こるものだ。ある師匠に付いて岡山県へ行った時のこと。

独演会が終わってホテルに戻ったのが21時頃。ホテルのスタッフが言った。

「バーがありますので、是非お立ち寄りください。楽しい時間をどうぞ！」

お酒の好きな師匠は上機嫌。

「鯉斗、御好意に甘えて、ちょっくら行くか」

「はい！」

バーに着くと、バーテンダーが言った。

「お酒がズラーッと並んでおりますので、隅から隅までお好きなだけどうぞ！」

師匠はもうニコニコで本当に隅から隅まで飲み干してしまった。俺はこの時、落語家は酒が強くないと駄目だ！　と強く思ったものだ。

翌朝、東京に戻る新幹線の出発時刻は11時ジャスト。ホテルから岡山駅まで車で30分弱だ。前日にロビー集合時間は決めてあり、絶対に遅刻できない俺は10時前にチェックアウトした。

しかし、集合時間である10時20分になっても誰ひとりとしてロビーに現れない。これはおかしいな……師匠の部屋まで行き、ノックを繰り返したが返事はなし。大慌てでフロントへ戻り、鍵を借りて部屋に飛び込んだ。そこにはベッドの上で大の字に寝ている師匠の姿が。

「師匠！　師匠！　起きてください！　師匠ぉ!!!」

揺さぶると、目をこすりながら師匠が、

「……いま何時だ？」

「10時40分です」

「！」

「10時41分です！」

「聞こえてらぁ！　用意するからロビーで待ってろ！」

俺は師匠がいつ降りてきても飛び乗れるように、エントランスの前にタクシーをつけてもらった。後部座席のドアは全開。今か今かと待ち構えていたその時、猛ダッシュしてくる師匠の姿が目に入った。

「師匠！　こちらですー！　カモン！　カモン！　こっちー!!」

師匠に向かって、思わずカモンと絶叫してしまった。

我々のただならぬ雰囲気を感じ取った運転手さんは、それはもう飛ばした。俺が覆面パトカーから逃げていた時と同じくらいの体感速度。改札を矢のように抜け、師匠と俺が飛び込んだと同時に新幹線の扉が閉まった。

後日談がある。その1カ月後、再び岡山でその師匠の独演会があり、俺はまたしてもお供させていただいた。駅から会場に向かうタクシーが、やけにスピードを出す。するとバックミラー越しに

「こないだは大変でしたね！」

と、まさかの同じ運転手さん。やはり超一流の落語家の日常というのは、枕にそのまま使えるようなエピソードが満載なんだなぁと感心したものだ。

釘

羽織袴を着て、独演会や全国公演に飛び回っている俺に、

「小遊三兄さん、小朝兄さんたちに、おまえ、ずいぶんかわいがってもらってるけど、おまえ自身が売れてるわけじゃない。勘違いするやつがいるからな。」

鯉昇師匠が釘を刺してくださった。天狗になるんじゃないぞ。おまえの力じゃない。二ツ目は来る日も来る日も修業だ、と。

三遊亭小遊三、春風亭小朝という華やかなトップスターとはまた違う。鯉昇師匠は、実績をコツコツ積み上げてきた職人肌の噺家だ。今でこそ玄人を唸らせる名手として確固たる地位を築いている師匠だが、かつては住む家にも困り、路上で生活していたこともある苦労人でもある。

「鯉斗なぁ。世の中には食える草と食っちゃいけねぇ草があるんだよ」

「新聞紙にくるまって眠るんだけどよ、カラーのほうがあったけぇから、スポーツ新聞のほうがいいんだ。覚えておくといい」

所帯を持ったから都心の瀟洒なマンションにお住みでいるが、本当は六畳一間が落ち着いていい、という人なのだ。

俺は自分が落語家の道へ入って、改めて師匠の凄さがわかった。俺が生まれる前から積み重ねてきた努力。地に足をつけ、歯を食いしばって芸を磨き上げてきた職人の確かな技術。それはどんな時勢にあっても揺るぎない強さを持つものだ。三遊亭小遊三、春風亭小朝というビッグネームたちとはまた違う魅力に溢れた高座を観るたび、どんどん背中が遠く感じた。

小朝師匠にこんなことを言われたことがある。

「鯉斗君。鯉昇さんとこに入ったの、こんな小さい穴の中に針をすーっと通すような入門の仕方だよね」

「はぁ、はい」

言われた当時は意味がよくわからなかったが、今ならわかる。

鯉昇師匠、小遊三師匠、小朝師匠。それぞれスタイルも魅力も違う師匠方だが、みなさんスペシャルだ。

俺は絶妙なトライアングルの中で育てていただいたんだと、こんなに恵まれた環境はなかったと、今になってつくづく思う。

修業の道

二ツ目となって数年が経った頃、うちの師匠と仲のいい入船亭扇遊師匠のもとへ日参した。扇遊師匠は落語協会所属で、師匠と俺は芸協の人間なのだが、垣根を越えて稽古をつけていただいた。

２０１９年に紫綬褒章を贈られることになる扇遊師匠は、お客様からはもちろん噺家の間でも古典の評価が高い名手だ。俺は扇遊師匠の淀みのない粋な芸風に引き込まれていき、自分も正統派の古典落語で勝負できる噺家になりたいと強く思った。

古典落語に深みを持たせるためには、俺自身が日本の歴史について知識を深めていかなければならない。なんせ高校に行っていないし、中学までも全く勉強してこなかった。

「江戸時代の前って何時代だっけ？」

というレベルからスタートしているから、子供の頃から歴史や落語そのものに親しんできた噺家たちに比べると、かなりハンディを背負っている。

俺は以前なら絶対に観ることがなかったＮＨＫの時代考証系の特番なんかを録画したり、図書館で古地図を眺めて現代の地形と比べ、古に思いを馳せるようなこともしてみた。また、ありがたいことにうちの師匠が博学な方だから、わからないことをいろいろ質問することもできた。

そして本を読むようになった。お気に入りは山本一力さんだ。山本さんの時代小説は筆致がすごくリアル。情景がありありと浮かぶ。これを落語で表現できるようになりたいと憧れた。

歴史を調べていくと、興味も湧いてきて面白みも出てくる。武将たちの勇ましいエピソードは俺の性格的にもたまらないものがあるし、その逆で、戦国時代には大河ドラマに登場するような馬は存在せず、ポニーよりちょっと大きいくらいの馬に武将たちが乗っていたなんてことを知ると、これまた面白いものだ。

知識に深みと厚みを加えていくことは大切なことだが、噺家としてはやはり、噺をしっかりと覚え、それを高座で表現するための稽古が欠かせない。特に二ツ目という時代は、とにかくたくさんネタを仕込まなければ、それこそ話にならない。たくさん詰め込んで、勉強会や落語会でどんどんネタ下ろしをしていき、来るべき真打での高座のために鍛え上げていかなければならない。

落語は口伝の世界。多くの噺家たちが修業中にそうするように、俺も師匠方の噺を録音して、繰り返し繰り返し聴いた。覚えを良くするためにノートに書き込むこともあったが、とにかく暇さえあれば聴きまくった。床に入っても聴くのだが、すぐに〝寝落ち〟してしまう。

「鯉斗君。稽古は朝、午前中にするといいよ。脳が活性化してるから」

小朝師匠のアドバイスを守り、俺は朝早く起きて稽古するようになった。真打になった現在もそうしている。

しっかり聴き込んで覚えたら、次は師匠に相対稽古していただく。師匠と向かい合い、目の前で高座さながらに一席やってくださる。弟子は師匠の緩急や抑揚、仕草や息遣いに至るまでつぶさに観察して、今度は自分が一席。鯉昇師匠は細かく指摘してくださった。

「おい、今のは瀧川鯉斗が噺してるんじゃねぇ。小口直也が喋ってるぞ」

「くすぐりは入れなくていい。真っすぐやればいい」

「『天災』はまだまだだな。キャラの演じ分けができてねぇ」

鯉昇師匠ばかりではなく、いろいろな師匠にご指導願った。ある師匠には「本日はご来場誠にありがとうございます」という第一声を注意してくださった。

「おまえは〝ありがとうございますっ!!!〟って張りすぎなんだ。他の噺家を見てみろ。みな静かに頭を下げてるはずだぞ」

挨拶はもちろん、どこで声を張るべきかというのは本当に大切なことだ。ずっと張っているのでは、うるさいだけでお客様に響かない。抑揚を付けてこそ、メリハリが利いて噺が引き締まって良くなる。声を張るべき場所がぴったり合っていると、お客様がグッと身を乗り出したり、うんうんと頷いてくださる。お客様こそが正解を教えてくださる、ということもわかってきた。

声だけではなく、仕草も鍛え上げていかなければならない。別の師匠に指摘されたのは『時そば』だった。

「おまえ、実際にお椀を持つ時、指はどうなってる？　親指を、こう、お椀の縁にかけるだろ。おまえはかかってねぇ。リアルじゃねぇんだよ」

アドバイスを受けて、次の高座では気を付けているつもりなのだが、

「おまえ、今日もやっぱり親指がかかってなかったぞ！」

となったりする。

稽古のように高座を、高座のように稽古を。その繰り返しの中で、「あ、ここだ」と自分で気づいて、少しずつ直していくしかないのだ。そう、いくら師匠方や兄さんたちにご指導されたとて、自分で高座で試して失敗しながらでないと、自分のものになっていかない。

二ツ目というのは、ひたすら試行錯誤する時代だった。

この人の息子

二ツ目になって9年目。名古屋の病院で、父の膵臓がんが発覚した。小朝師匠に同行して名古屋公演に行くたび、師匠は必ず「親御さんに顔を見せてきなさいな」と気

遣ってくださった。俺はその言葉に甘えて、暇を見つけてはお見舞いに行った。

転勤族の父は出張が多く、ほとんど家にいない人だった。おまけに寡黙だったから、ほとんど話をしてきた記憶がない。入院中にたくさん話ができたのは、皮肉にもいい機会になった。

「おまえ、いまは何やってんだ？」

「さらってる」

「さらってる、ってなんだ？」

さらうというのは業界用語で、〝復習う〟と書く。読んで字のごとく、復習することだ。

「教えられたことを繰り返して練習する、って意味だよ。二ツ目ってそういう時代だから」

「そうか。食べていけるのか？　大丈夫なのか？」

落語家になると決めた時、おやじは当初「夢みたいなこと言ってないで、手堅い仕事にしろ」と難色を示していた。赤レンガの穂高さんに挨拶する機会があって以降は

「まぁ頑張れ」と心配しながらも認めてくれていた。

「ここまで来たら真打になるしかねぇよ」

「……まぁ頑張れ」

林家木久扇師匠の計らいで都内の大学病院に転院したのだが、すでに病状はかなり進行してしまっていた。

父は若い頃バイクが好きだった。そして学生時代は180センチの身長を生かしてバスケットボールに夢中になっていたという。

182センチでバイクとスポーツが好き。俺は完全にこの人の息子なんだと思った。

そういえば北海道に住んでいた頃、札幌藻岩山スキー場によく連れて行ってくれたなぁ。楽しかった。

暴走族の頃は、出張から帰ってきた父がたまり場に現れて、いきなりぶん殴られて、昼間の路上に転がされたなぁ。

父の病状は悪化していく一途だった。ある日のお見舞いで、父が言った。

「おまえ、本当に赤レンガの人には感謝しろよ」

２０１７年３月。

「直也、ありがとな」

という言葉を残しておやじが逝った。享年63。真打・瀧川鯉斗を見てもらうことができなかった。

蓋

父ががんで長くなさそうだ、ということを穂高さんには伝えていなかった。お見舞いだなんだ、セカンドオピニオンだなんだと、すごく親身になってくださる人だからこそ言えなかった。手を煩わせたくなかったし、商売の邪魔をしたくなかったのだ。

だから、父が死んでから伝えた。

「おまえ、なんでもっと早く教えねぇんだ！」

めちゃくちゃに叱られた。

「……」

「墓参り行くは、絶対に連れてけよ」

「……ありがとうございます」

墓参りに絶対に連れていけ。そんなことを言ってくれる人はそうそういない。俺は実の父親はなくしたが、穂高さんはもう一人の父親なんだと胸が震えた。

俺は極めて血の気が多い10代を送ってきた。だからこそ落語の道に入る時、過去の過ちを反省して、自分の中の奥深くにまだ眠っている狂気や怒りの感情に蓋をして生きていくことに決めた。どんなに腹が立つことがあっても、絶対に爆発してはいけない。したらとんでもないことになる。我慢の蓋をしっかり閉じておくのだ、と。

それでもやはり、人間から怒りという感情を消し去ることはできない。前座、二ツ目と長い修業の間、理不尽な目にあうと瞬間湯沸かし器のように「この野郎！」とこめかみに青筋が立ちそうになったことが何度もあった。我慢の蓋ががたがた震えて、外れてしまいそうになった。

それでも決して蓋は外れなかった。穂高さんが、鯉昇師匠が、小遊三師匠が、小朝師匠が、様々な兄さんが、ともに苦労してきた同世代や後輩たちが、私のようなものによくしてくださるみなさんが、蓋の上に載っていた。重石になってくれていたのだ。

みなさんの愛情は、俺の爆発を上から押さえつけてしまうほど、重かった。それはそれは重かった。だからこそ俺は修行期間を耐え抜くことができた。

初心

令和初の真打、誕生でございます。皆々様へのご報告と感謝とで令和元年が過ぎていきます。

迎えた令和二年。よもやの世相によって〝初心〟に気づかされることになり……。噺もいよいよサゲに近づいてまいりました。

師匠からの電話

２０１８年の春のある日。鯉昇師匠から電話がかかってきた。俺は着信画面を見つめて思わず固唾を飲んだ。

「はい。もしもし」

「おまえ知ってると思うけど、今日、理事会があった」

来年に真打へ昇進させてもいい二ツ目はいるのか、いないのか？　落語芸術協会の理事たちがそんな話し合いをした、という意味だった。

人選の中に俺の名が挙がっているらしいことを、師匠から事前に聞かされていた。決定か、持ち越しか。駄目だったら、また次に向けて頑張るしかない。

俺は入試の合否判定を待つ受験生のような気持ちで、師匠の次の言葉を待った。

「真打、決まったぞ」

「……」

「そのつもりで来年まで準備しろ。おめでとう」

ガチャリ。電話が切れ、俺はスマホを持つ手をゆっくりと耳から離し、下ろした。面白いほど手が震えていた。

「……ふーーーーっ」

深く息を吐いた。しばらく放心状態だったが、徐々に喜びが湧いてきた。長かった。

２００５年３月に楽屋入りしてから14年。赤レンガで生まれて初めて落語を聴き、師匠に弟子入りを申し出たのが２００２年。そこから数えると17年かかった。本当に長かった。

喜びと緊張がこれまでの様々な思い出に溶けてかき回され、頭がぼうっとなり、目頭が熱くなった。

「うわっ」

涙がこぼれそうになり、天井を見上げた。

前座は４年間という慣例があり、俺も例に漏れず４年で二ツ目にあがった。昇進目前、立て前座だった24歳の頃、小朝師匠と食事の席でこんな会話をした。

「鯉斗君。そういえば今、幾つなの？」

「24です」

「そう。もう僕、真打になってたね」

小朝師匠は36人抜きという歴史的な記録で真打に昇進した方。入門順を考慮せずに昇進が図られる〝抜擢真打〟だ。これは異例中の異例で、二ツ目から10年前後で昇進するのが通例だ。俺は11年だから決して遅いわけではなかった。

真打の語源は諸説あるが、有力なのは蝋燭にちなんだものだ。昔の寄席の高座では照明として蝋燭が立っていた。寄席が終わると最後の演者が蝋燭の芯を打つ（消す）ことから〝芯打ち〟といわれた。やがて「芯」の字が「真」に替わり、真打となったらしい。

つまり真打とは、寄席の番組（プログラム）で最後に出る資格をもつ落語家のこと。トリを務めることを許された人であり、周囲から〝師匠〟と呼ばれ、弟子を取ることもできるのだ。

俺は昇進が嬉しくて嬉しくて仕方なかったが、同時にものすごい重圧を感じた。

二ツ目時代。死ぬほどスベった時の、小遊三師匠の一言が忘れられない。
「ま、おまえのケツ拭くのは俺だからな」
もうケツを拭いてもらうことはできない。自分でなんとかしなくちゃいけないのだ。
それに、翌年の春には真打昇進披露パーティーがある。数百人を招いての盛大なお披露目だ。これまで諸先輩方の例を羨望の眼差しで見てきたが、今度は俺の番なのだ。一生に一度の舞台を絶対に成功させなければならない。浮かれている場合ではないのだ。

俺はともに昇進が決まった立川吉幸兄さん、三遊亭藍馬姉さんとともにパーティー会場の係りと打ち合わせを重ねたり、自信を持てる噺を3本は増やさないといけない、と稽古に励んだ。

2019年4月13日。平成の最後の最後に、東京・新宿の京王プラザホテルで真打昇進披露パーティーが催された。司会は春風亭昇太師匠にお願いした。

約610人もの招待客の方々に出席いただき、門出を祝ってくださった。仲良くさせていただいている歌舞伎俳優の片岡孝太郎さんが、俺の紹介で知り合った女性と結婚したエピソードを明かし「実質的な仲人です」と挨拶すると、会場が笑いと報道陣のおびただしいフラッシュに包まれるなど、華やかに会は進行していった。

歌舞伎繋がりの小話になるが、歌舞伎俳優の襲名の際、関係者やひいき筋に手ぬぐいと扇子が配られる。落語家の真打昇進の際には、それに巻物（口上書き）が加えられた3点セットとなる。

口上書きというのは、師匠たちのお認めの言葉が詰まった挨拶状のことだ。お世話になった方々、お付き合いのある方々に書いていただくのだが、最後に鯉昇師匠の口上が載る。この文面には涙が堪えきれなかった。

明烏

平成31年（2019年）4月30日をもって平成という時代が終わり、5月1日より令和という新しい時代が幕を開けた。

俺は晴れて令和初の真打となった。ちなみに名古屋市出身の真打は、昭和53年（1

978年）に昇進した三遊亭圓丈師匠以来で41年ぶりだという。

まさにこの令和の初日である5月1日、新宿末廣亭から真打披露興行がスタートし、浅草演芸ホール、池袋演芸場、国立演芸場、お江戸上野広小路亭、お江戸日本橋亭の順に都内の寄席6カ所を回っていく。それぞれ10日間の興行すべてで口上があり、師匠方がお付き合いくださり、前座を務めてくださる。恐縮の極みだ。

落語芸術協会会長代行副会長の三遊亭小遊三師匠が口上で、俺、藍馬姉さん、吉幸兄さんを順に、

「令和1号、2号、3号をよろしくお願いします」

と名付けて、祝辞をくださった。

祝い幕は片岡孝太郎さんが寄贈してくださった。また5月7日には、かわいがっていただいているおぎやはぎさんがゲスト出演してくださり、漫才を披露してくださった。

真打が誕生することは落語界にとってめでたいことで、業界の垣根を越えて総出でお祝いしてくださる。俺は感動を通り越して、心が激しく震えた。逆に言えば、真打

というのはそれほど重みのある地位だということに、改めてビビった。

真打の重みを象徴するようなエピソードがある。

浅草演芸ホールでの真打披露興行中、鯉昇師匠のお父様がお亡くなりになられた。

「鯉斗、悪いな。明日、浜松に行かなくちゃいけねぇ。明日は口上に並べねぇ」

「そんな、もちろんです。僕なんか大丈夫ですから、お父様のところへ」

「悪いな」

鯉昇師匠は取るものも取りあえず、浜松へ帰られた。

これに小遊三師匠が激怒したのだ。

「どんな理由があったって、弟子の披露興行に穴開けちゃあ駄目なんだよ！」

いろいろな考え方があるからどっちがどうとは一概には言えない。しかし、小遊三師匠のような考えがあるほど、真打が誕生するということは重く大きなことなのだ。

5月1日、新宿末廣亭。真打披露興行〝大初日〟のトリという大任を務めさせていただくことになった。

プレッシャーには強いほうだと自負しているが、この大初日ばかりは違った。

トリのひざ（トリ前）を務めるボンボン先生（ボンボンブラザース）の出番が終わったことが拍手でわかった。

楽屋にはめくりが置いてあり、次の出番の名前が大きく書いてある。俺は自分の名前を見て思わず目を閉じ、大きく深呼吸した。

一生に一度の晴れ舞台に、大勢の方がお祝いに駆けつけてくださっている。二ツ目からどれだけ成長したかをお見せしなくてはならない。また何より、俺が下手をこくことで〝真打なんてたいしたことないんだな〟と思われてしまうことが一番怖い。真打の名誉にかけても絶対に失敗できない。でも、もし白けちまったらどうしよう……とちったらどうしよう……俺は何度も天井を見上げ、呼吸を整えようとした。

（ああ、俺もあがるんだな）

固まった足を交互に持ち上げるようにして進み、袖を出ていった。大きな拍手が注がれる中、座布団に座り、深くお辞儀をした。拍手はさらに大きくなった。顔を上げたら始めなくてはいけない。怖いけど、もうやるしかない。

披露興行をさせていただくことへの感謝を枕でお伝えしているうち、みなさんの顔つきが徐々に変わっていくのが見えた。さぁさぁ聴かせてもらおうじゃねぇか、という雰囲気がお客様一人一人の顔に滲みでてきた。

枕を終え、30分の噺『明烏』に入った。

部屋に閉じこもり、難しい本を読んでばかりいる若旦那・時次郎。息子の堅物ぶりを心配した父親が、町きっての遊び人である源兵衛と多助に、

「吉原へ連れ出してやってくれ」

と頼む。とはいえ堅物。まともには連れ出せない。二人は時次郎を

「お稲荷様へお参りにいきましょう」

と騙して、外へ連れ出すことに成功する。

遊廓を「神主の家」、女主人を「お巫女頭」、見返り柳はご神木で、大門が鳥居、お茶屋を巫女の家だと偽られ、世間知らずの時次郎はまんまと奥へ進んでしまう。

遊女に囲まれ、花魁を目の前にして、やっと騙されたことに気づいた時次郎。

逃げ出そうとするところを多助が脅す。

「勝手に出ようとすると、大門の見張りに、袋叩きにされますよ」

時次郎は仕方なく、花魁と一夜を共にする。

翌朝。源兵衛と多助はどちらも花魁に振られ、文句たらたらで、時次郎を迎えに行った。するとそこには〝卒業〟した時次郎の姿。しかも花魁がウブな時次郎をすっかり気に入ってしまって離さず、いつまでたっても布団から出てきやしない。

「帰りましょうや」

と言う源兵衛と多助に、時次郎が言う。

「勝手に帰りなさいな、大門で袋叩きにされるよ」

『明烏』はこんなめでたい噺だ。真打昇進に向けて、二ツ目の後期に習ったもの。真打になったら持ちネタにしたい。そのつもりで磨き上げてきた渾身のネタだった。

お客様から温かい拍手と「がんばれよぉ！」といった声援をいただき、高座を降りると、体を支えきれないほどの疲労感に襲われた。

前座、二ツ目とたくさんの高座に上がってきたが、比べ物にならない。入門前にさんざんやっていた肉体労働は一日働くと当然ヘトヘトになるが、この30分のほうが倍以上疲れた。大げさでなく、人は30分で痩せるんだと思った。

ほんの少しの恩返し

末廣亭での披露興行、中日の終演後。

「鯉斗のこと、呼んでる人がいるよ！」

「はい、ただいまっ！」

スタッフに促されて楽屋を出て客席のほうへ行くと、そこには奥様を伴った大恩人の姿があった。

「……よかったぞ」

穂高さんだった。目が潤んでいた。今にも泣き出しそうなのか、泣き終わった後なのかわからなかった。

「……今までよく辛抱したな。よくやった」

今までさんざん叱られてきたから、こんな風にストレートに褒められたら、もう……俺はこの時、もらい泣きというのはこういうものなんだと初めてわかった。人前で泣くなんて、と歯を食いしばりながら涙が止まらなかった。

バイト初日から、料理長をはじめ先輩スタッフたちを〝君付け〟で呼んだクソガキが、挙句、スタッフたちに無視されて孤立した暴走族あがりが、まさか落語の世界に飛び込み、真打になるなんて夢にも思わなかったろう。いや、信じていてくれたのかもしれない。

いずれにせよ17歳の終わりにアルバイトをはじめ、18年後に真打になることができたのは、穂高さんはじめ、若くして逝かれた料理長のアキヒトさんら赤レンガの方々のおかげだ。この人たちがいなかったら絶対に無理だった。

穂高さんが褒めてくださったことで、まだまだ足りないものの、少しだけ恩返しできた気がした。

末廣亭、千秋楽。終演後に声を掛けてくださったのは、美也子さんだった。

「直也〜」

落語の世界に入って以降、俺を本名で呼ぶ人は少ないが、そのうちの一人だ。

美也子さんは末廣亭の方だ。鯉昇師匠に弟子入り志願をして「寄席をみてきなさい」と言われ、赤レンガから通い続けていた頃から目をかけてくださっていた。常に腹を空かせていた俺に何度もご飯を食べさせてくださった。

今でこそ垣根は払われたが、俺が美也子さんにたびたびご馳走になっていた２００３年あたりは、末廣亭と落語芸術協会の仲がよくなかった。芸協所属の落語家のパーティーがあっても、末廣亭の関係者は顔を見せなかった。そんな中、美也子さんはよく顔を出してくださっていた。そういう方なのだ。

末廣亭から始まった披露興行。大初日以降、みやこさんは顔を合わせるたびに笑いながら呟いていた。

「……直也の『紺屋高尾』が聞きたいねぇ」

美也子さんのリクエスト『紺屋高尾』は末廣亭の次、浅草演芸ホールでかけようと思っていたのだ。

そして迎えた末廣亭の千秋楽。ボンボン先生に少し早めに切り上げていただいた。

ネタが40分かかる。持ち時間30分を10分オーバーするからだ。俺は『紺屋高尾』をかけた。

神田紺屋町の染物屋で働く生真面目な職人、久蔵が寝込んでしまった。心配した親方は蘭石という医者に久蔵を診せた。蘭石先生はすぐに久蔵が〝恋わずらい〟だと見抜いた。部屋に入った時、高尾太夫が描かれた絵草紙を枕の下に慌てて隠すのを見たのだ。

聞けば久蔵は三日前、友人と吉原の花魁道中を見物に行った折、高尾太夫の美しさに一目惚れ。それからは飯も喉を通らない有様。そこで蘭石先生は、

「大名道具（高級遊女）とて所詮は売り物買い物。三年辛抱して金を九両貯めな、そうしたら私が一両足して十両。それで高尾太夫に会わせてやろうじゃないか」と提案。久蔵はその言葉を真に受けて、高尾に逢える日を夢見てこれまで以上に真面目に働き続けた。

三年後の三月。久蔵は蘭石先生とともに、いざ吉原へ。道中、蘭石先生が念を押す。

「紺屋の職人では逢ってはくれない。京橋あたりの〝お大尽〟のフリをしろ。口を開くとボロが出るから何を聞かれても鷹揚に〝あいよ〟と頷いていればいい」

三浦屋に着いた二人。幸運にも、高尾はちょうど空いていた。久蔵は蘭石先生の言う通り、「あいよ、あいよ」と相槌を繰り返し、ついに花魁の部屋へ通された。高尾太夫にしてみれば初めてだが、久蔵にすれば待ちに待った三年ぶりの再会。

高尾は煙管を咥えて煙草に火をつけると、

「一服、吸いなんし」

と久蔵に勧め、久蔵はドギマギしながら火玉が踊るほどに力一杯吸い付けた。高級遊女の決まりで、初回では客に肌身を許さないため、この日はここまで。

「今度はいつ来てくんなます」

と高尾が型通りに訊ねると、久蔵は泣き出した。

「三年後」

はてと首を傾げる高尾に、久蔵は藍に染まった自らの爪を見せて身分を明かす。

「三年前に道中姿を見てあんたに惚れた。ここに来るための金を稼ぐのに三年。だから、今度はまた三年先。三年の間に高尾が身請けされれば、これが今生の別れ。逢ってくれてありがとうございます、一生の思い出に致します」

久蔵の一途さに高尾は涙を流す。

「源平藤橘、四姓の人に枕を交わす卑しき身を、よくも三年も想って下さった……」

そして久蔵に十両をそっくり返し、形見にと香箱（お香を入れる箱）を渡した。「来年三月十五日に年季が明けた暁には、主の側に行きんすゆえ、どうぞ女房にしてくんなまし」

一夜明け、夢心地で店に戻った久蔵は「来年の三月十五日……三月十五日」と呪文のように唱えながら、前にも増して仕事に精を出すようになった。「花魁の言葉なんか信じる馬鹿があるか」という周囲の言葉には耳を貸さず、高尾を信じてひたすら働いた。

そして待ちに待った翌年の三月十五日。染物屋の前に一丁の駕籠がやってきた。蘭石先生の仲人で二人は晴れて夫婦となった。

染物屋の親方は久蔵にのれん分けをし、近所に店を持たせた。二人が始めた早染めという手法が受けに受け、商売は大繁盛。めでたしめでたし。

という一席。

終演後、俺は美也子さんに呼び止められた。

「直也……良かったよ！」

真打昇進披露興行というのは、お祝いしていただくのと同時に〝ほんの少しの恩返し〟をさせていただける場なんだと思った。

5月の新宿末廣亭、浅草演芸ホール。6月の池袋演芸場、お江戸日本橋亭。7月の国立演芸場、お江戸上野広小路亭。都内でのスケジュールを一通り終え、8月は名古屋・大須演芸場で披露興行をさせていただいた。

昔の仲間たちが駆けつけてくれた。大須まで信号無視でぶっ飛ばしてきたり、スピード違反で捕まったから開演時間を遅らせてほしいとお願いしてくるやつはもういない。それぞれ定職に就き、家庭を築くやつは築き、みんなすっかり落ち着いていた。

「先輩、とうとうやりましたね！」

「おまえ、よく続いたな。すげぇよ！」

「地元のスターになってくれよ！」

「また名古屋に来たら観に行きますから」

終演後、バイクの話ばかりをしていた彼らと世間話をしていることにふと気づいた。仕事のこと、家庭のこと。世間様に迷惑をかけていた若造たちが、社会の話をするようになった。

この時35歳。おじさんと呼ばれる年齢に突入しているが、歳を重ねるのも悪くはないと思えた。

大須での興行を終え、俺は天白の実家に帰った。すぐに仏壇の前に座り、手を合わせた。

「……おやじ……間に合わなかったなぁ……悔しいよ」

俺は改めて遺影を見た。

「まぁでも、なんとかここまで来たよ」

手ぬぐい、扇子、巻物（口上書き）の〝昇進披露興行3点セット〟を、仏前にお供えした。

戒め

前座、二ツ目の頃の寄席で、

「やい！　暴走族！　喋ってねぇで走ってこい！」

「おい、ヤンキー！　おまえほんとにやれんのかぁ」

なんてヤジを飛ばされることがあった。俺自身がネタにしているんだからいいんだが、真打にあがると一切なくなった。

以前はお旦に飲みに連れて行ってもらったりすると、よくいじられた。

「おまえ、もうちょっと声張ったほうがいいよ」

「あそこは、もっと膨らませたほうがいいんじゃないの？」

プロ野球選手のプレーに、ファンがあーだこーだ言う感じだ。もちろんお世話になっているお旦だし、そもそも前座、二ツ目なんてまだまだぺーぺーなんだから甘んじて聞いていた。

真打に昇進すると、そういった批評やアドバイスが一切なくなった。たとえ飲みの場であっても、だ。気を遣ってくれているんだろうと思うが、やはり真打という響きには何か特別な壁があるのかもしれない。

テレビ番組に呼んでいただいても、

「鯉斗師匠」

と呼ばれるようになった。

「師匠……ん？　僕？　僕ですか？」

真打にあがると名前の下に〝師匠〟がつくようになる。わかってはいたが、いざ自分が呼ばれることに全く慣れなかった。恥ずかしかった。

こうなると忍び足で近づいてくるのが天狗の影だ。偉くなったと勘違いし、調子に乗って義理を欠き、天狗になっちゃお終いだ。実際にそんな先輩方を何人も見てきた。彼らの周囲からは少しずつ人が離れていった。

注意してくれる人が、叱ってくれる人が少なくなっていくというのは、非常に危険だ。気づかずにずっと時が過ぎていくと、いつの間にか取り返しのつかない状態になってしまう。

師匠なんて呼ばれて浮かれている場合ではない。俺は死ぬまで鯉昇師匠の弟子であり、小遊三師匠、小朝師匠にはいつまでも頭が上がらないのだ。

翌2020年。まるで真打ほやほやの噺家を戒めるような〝事件〟が起きる。

初心の喜び

無我夢中で走り続けた2019年が終わり、新しい年を迎えた。1月にパレスホテル東京で独演会をやらせていただき、さて全国を回ろうと意気込んでいた2月、携帯にひっきりなしに電話が入るようになった。

新型コロナウイルス感染拡大を受けての、先々の仕事の延期やキャンセルの旨だ。スケジュール帳を書き換えながら、貴重なお仕事となった浅草演芸ホールの2月下席に出演した。楽屋に三遊亭円楽師匠がお見えになった。最初は誰かわからなかった。髭もじゃだったのだ。

「髭……どうしたんすか？」

「鯉斗よぉ……俺、落語家人生五十年で、こんなに暇になったの初めてだよ」

落語界のトップクラスに位置する師匠が嘆いている。客席もガラガラだ。俺が入門した２００４年当時を思わせるまばらな入り。あの頃は「今日の入りはどうでい？」「御覧の通りで」なんて自嘲的に笑っていたが、同じ空席でも意味が違う。全然笑えなかった。これはまずいことになったぞ、と思わず唇を噛んだ。

太平洋戦争時、〝贅沢は敵だ〟とか〝不要不急の外出は控えよ〟という標語が町中に貼られたそうだが、コロナ禍はそんな殺伐とした空気を生み出していた。

３月。月末の大須演芸場での独演会が中止になったものの、細々と催されていた都内の寄席に上がったが、４月にとうとう緊急事態宣言が発令された。寄席が全面的に休止となり、スケジュール帳が完全に真っ白になった。

ベテランが素晴らしい高座を務め、若手が増え、落語界は上昇気流に乗っていた。

そんなタイミングで突然、強制的に幕を下ろされた。痛すぎる。

しかし、こればかりはどうしようもない。俺は家に籠り、ずっと白い手乗り文鳥に遊んでもらっていた。鯉昇師匠が飼っていたのがすごくかわいくて、ステイホームに備えたわけではないが2月にひなの状態から飼い始めたのだ。

何人かの噺家がオンライン落語を始めた。灯を消さないための行動だろう。敬意を表しながらも俺はやらなかった。やはり、どうしたって落語はライブに尽きる。緊急事態宣言が明けたら高座に上がり、お客様と会える。その日を心待ちにしていた。

オンライン落語をやることはなかったが、お客様たちと完全に切れてしまうのは嫌だった。米助(よねすけ)師匠とインスタライブをやり、交流を図ったりしてみたが、寂しさともどかしさはどうにも埋まらなかった。

今後どうなっていくんだろう。止まない雨はない、と言うが一体いつになったら止むのか。真打としてスタートを切った矢先の不本意すぎる雨宿り。自分の努力や精進ではどうにもならない事態に、怒るというより落ち込んだ。

何より高座から遠ざかることで著しく技量が落ち、落語の世界観や雰囲気を忘れてしまうことが怖かった。噺をさらった。そして録画で溜まっていた『日本の話芸』をずっと観た。山本一力を読んだ。

6月。ライブ、コンサート、演劇などエンタメ業界が大打撃を受ける中、落語界はいち早く動いた。客席の間隔を空け、入場者数を制限して寄席を始めたのだ。迎えた7月1日。お江戸上野広小路亭。「寄席にいらっしゃってください！」と声高に言えないのは辛かったが、俺は久しぶりの高座に上がることができた。待望の高座復帰。こんなにありがたいことはない。喜ぶべきことなのだが、正直、怖かった。まるで前座時代の初高座の時のように緊張した。

不安は的中した。ブランク明けのアスリートの体が動かないのと同じで、俺はまるでリズムが掴めなかった。間が怖くて待てない。怖くて、すぐに口を開いてしまうからどんどん早口になってしまう。そうなると自分なりに築き上げてきたはずの型もわからなくなってくる。もう一人の自分が上空で見ていて冷静に思う。おい、瀧川鯉斗。おまえ、こんなに一本調子だったか？　これは果たしてお客様にお聞かせできるものなのか？

明らかに新規であろうお客様がチラホラいらっしゃった。コロナ禍の最中にご来場いただいたことはすごく嬉しかったが、その分、自分のベストパフォーマンスを出せないことが申し訳なく、悔しくて仕方なかった。新規のお客様にとっては初めての瀧川鯉斗だ。もしかしたら初めての落語、なのかもしれない。そんな大事な日にあまりにも不甲斐ない出来。情けなかった。

振り返れば7月の上席（毎月1日～10日のこと）はまるでリハビリのようだった。それでも体に染みついた型というのは心強い。数年ぶりでもスキーを滑ることができるように、俺は二日目、三日目と少しずつ勘を取り戻していった。そうそうそう、この間だ、このリズムだ。お客様の笑い声と拍手が全身の細胞に染み渡ってきて、火照るのを感じた。

高座に上がることができるという喜び。お客様とお会いできるという喜び。そればかりか笑い声と拍手までいただける喜び。当たり前だと思っていた日常が、こんなにも愛おしく幸せなことだったとは……コロナ禍は、俺に初心を思い出させてくれるものだった。真打はゴールではなく、新たなスタートなのだと。

サゲ

二ツ目の頃。小遊三師匠がぼそっと言った言葉が今でも忘れられない。

「俺は還暦越えたけどよぉ。おまえが60とか70の時に、寄席ってあるのかなぁ」

それから10年経った2021年。世界はあの頃誰ひとり想像できなかったコロナ禍にある。ソーシャルディスタンスとかリモートとかやたら横文字が飛び交って、人々の生活様式が急変していく中で、アナログの権化のような落語界は、それでもできることを精一杯頑張っている。

もしかしたらこの先、落語界は時代に沿った新しいスタイルを求められるかもしれない。それでもきっと寄席はなくならないと信じたいし、若手・中堅が盛り立てて伝統を守っていかなければならない。

一席一席に心を込めて歩んでいけば、こんな俺の元へも弟子入り志願があるかもしれない。いつかの日か『芝浜』をかけた時、かつての自分のような若者が俺の元へやってくるかもしれない。

「弟子にしてください！」

そうしたらこう言おう。

「一回、寄席をごらんなさい。それで、いいなぁと思ったら、また私んとこに来なさい」

profile

瀧川鯉斗

（たきがわ こいと）

１９８４年１月25日、愛知県名古屋市出身。本名・小口直也。15歳ごろから数年間暴走族として過ごし、２００２年上京。アルバイト先で後の師匠・瀧川鯉昇の独演会が開催されたことをきっかけに落語の魅力に取りつかれ、その場で入門を決意。２０１９年５月、「令和初」の真打となる。テレビやファッション誌など、高座以外の場でも幅広く活動する。

特攻する噺家

著者　瀧川鯉斗

2021年3月25日　初版発行

装丁・本文デザイン　森田 直（FROG KING STUDIO）
写真　橋本勝美
ヘアメイク　向後信行
執筆協力　中 大輔
校正　東京出版サービスセンター
編集　大井隆義（ワニブックス）

発行者　横内正昭
編集人　内田克弥
発行所　株式会社ワニブックス
〒150-8482
東京都渋谷区恵比寿4-4-9えびす大黒ビル
電話　03-5449-2711（代表）　03-5449-2734（編集部）
ワニブックスHP　http://www.wani.co.jp/
WANI BOOKOUT　http://www.wanibookout.com/
WANI BOOKS NewsCrunch　https://wanibooks-newscrunch.com/

印刷所　株式会社光邦
DTP　株式会社三協美術
製本所　ナショナル製本

定価はカバーに表示してあります。

落丁本・乱丁本は小社管理部宛にお送りください。送料は小社負担にてお取替えいたします。ただし、古書店等で購入したものに関してはお取替えできません。

　ISBN 978-4-8470-7029-7